心の下づくりのための

スピリチュアル作法

小松賢次

ナチュラルスピリット

心の下づくりのための

スピリチュアル作法

Contents

第3章　見えない世界との付き合い方

第4章　スピリチュアルで、心の下づくり

第5章 スピリチュアル実践編

はじめに

「どんなふうに見えるのですか？」

リーディングをしている時、クライアントさんからよく尋ねられます。

霊視をしている時は、漫画のふきだしのようなものが浮かび上がり、その中にあらわれた言葉や映像を解釈して、忠実に、時にはわかりやすい言葉に替えて伝えていきます。


本書では、「見える」ことが生まれつき備わった僕のエピソードを通して　、生きていく上でのスピリチュアルのあり方、人との付き合い方をお伝えしたいと思います。サブタイトルの「心の下づくり」とは、僕がお客様と向き合うにために心がけている、心の準備運動のようなもので、人生という畑を耕して気持ちよく生きて歩んでいけたらよいな、という願いから用いました。

昨今、スピリチュアルという言葉は市民権を得ました。

かつては「精神世界」という言葉がしばしば用いられ、その世界に目覚めた人は決まって

「精神世界をやっている」と言っていました。

「やっている」というと趣味的な感じですが、何か特別なものを自分たちは人生にとりいれているという優越感が、言葉に見え隠れしていたように思います。

スピリチュアルという軽やかな語感の言葉は、僕の仕事である霊視、浄霊という日本語にするとただならぬコワ〜イ雰囲気を少し緩和させてくれたようです。多くの人が（僕の仕事内容を知ってか、知らずか）抵抗なく用いるようになってきました。

そんな時代を反映しているのでしょう。書店に行くとスピリチュアルコーナーが設けられ、毎月のように新刊が並び、文芸書のような感覚で抵抗なく、手にとる人が多いようです。しかし、誤った思い込みや営利が目的の書籍も並んでいます。中には本物の霊能者もいますが、過剰な演出や先進の霊能者の受け売りといった内容が目立つのも事実です。

人生には山あり、谷ありと、言われています。つまり、人生には自分でも理由が把握できない、ワケの解らない問題や困難が数多くあります。肝心なのは、その事実に気がついた時の反応。大きく分けると、やる気をなくして落ち込んでしまう人と、何とかなると信じて頑張る人に分かれるのです。

ここでちょっとだけ種明かしをしますと、実は「人生には山あり、谷あり」の言葉の後には、一般には知られていない続きがあります。それは「人生には山あり、谷あり、それを乗り越えるだけの機会あり」です。

しかもその機会の数は、山や谷の数を遥かに上回っているのです。この自然の摂理というか、神の愛に気がつくと、ちょっと頑張ってみよう、という気になりませんか？　聖書に書かれているように「叩けよ、さらば開かれん！　求めよ、さらば与えられん」という言葉は誰にでも平等に与えられています。

この本が目指すのは、スピリチュアルの本来の意味を理解し、もっと自由になりたい人には自由を、何かにとらわれている人は解放する術をお伝えすることです。また、僕と同業のスピリチュアルな仕事に携わっている方たちにも、同業者のつぶやきとして読んでいただければうれしいです。

スピリチュアルな考えを生き方にとりいれ、苦しみから解き放たれ、幸せと豊かさを獲得する……つまりは、本質的な答えを自ら出す。あらゆる面で豊かな人生にシフトするお手伝いができることを願っています。

この本と出会ってくださったことに感謝！

第1章

「見える世界」をさまよいながら

もの心ついた頃から霊が見え、
自分は普通の人間とは違うのか？と葛藤しながらも
両親の愛に包まれて成長した少年・青年時代。

御心のままにならしめ給え。

（キリスト教の教え）

●十字架をふりまわす乱暴者

僕が生まれたのは1956年。僕の生まれる3ヶ月前に女優マリリン・モンローが劇作家のアーサー・ミラーと再婚したそうです。日本の高度経済成長の黎明期に僕は生まれました。

幼い頃から、僕には普通の人には見えないものが見えていました。

僕が通っていたのはキリスト教系のナザレ幼稚園。そこで見たのは甲冑《かっちゅう》姿の武者でした。彼と初めて会った時、生きている人間が武者の格好をしているのだとばかり思っていました。現代では、歴史博物館の展示室ぐらいでしかお目にかかることのない、武装をした霊は、僕をつけまわしていたのです。

武者の霊は右手に日本刀を持ち、教室でも園庭でもところかまわず、僕を追いかけてきました。何か言葉を喋ってくれるのなら、恐怖心は薄れたのでしょうが、無言で僕の後をどこまでもつけてくる、しつこいやつでした。階段を降りていると先回りして、手招きしている……そんなストーカー気質！

当然、僕は周囲の皆にもこの武者が見えているとばかり思っていましたが、誰も僕が追いまわされていることなど気づかない……。もう我慢の限界。僕は武器をとりました。

園児が武器？　そう。キリスト教系の幼稚園だったこともあり、僕は園内のあちこちに掲げられている十字架をはずし、剣のかわりにしたのでした。甲冑姿の武者が近づいてくるたびに、この剣を振りまわしては追い払っていたのです。

挙句、シスターや先生方からは「この子は、なんと乱暴な子なのでしょう」と烙印を押されてしまう羽目に。

幼い僕からみたら、これはかなり理不尽な出来事でした。僕だけ霊が見えるばかりに、とばっちりを受けたわけですから。

しかし、あの甲冑姿の武者の霊。大人になった今でも姿を思い出すと背筋がゾッとします。

けれども、霊とばかりふれあっていたわけではありません。ちゃんと少年への道も歩んでいました。

幼稚園のころ一番疑問に思っていたのは、シスターの修道衣のスカートの中はどうなっているんだろう？ってこと。そこで、僕は勇気を振り絞り、決死の覚悟で禁断のスカートにもぐり込んだこともありました。

無垢な少年だった僕が、その中で見たものはとてもコワくて、ここには書けません。当然、幼稚園では大騒ぎになりました。十字架へのはりつけは免れましたが、園長室におふくろが呼び出されました。

最初はおふくろも平身低頭で謝っていたのですが、あまりにもネチネチと被害者のシスターに嫌味を言われるので、とうとうブチ切れました。「子どもの悪戯に何でそこまで怒るのよ！　悪戯するのが子どもでしょ！」

慌てた園長先生が止めに入らなければ、血の雨が降っていたかもしれません。そんなマセガキ経験もあり、霊的な体験以外は正統派の幼年・少年時代を歩んできたわけです。

●顔が半分だけの霊「カオ半分ナシ」

もちろん、当時から甲冑姿の武者だけでなく、いろいろな不思議なものを目にしていました。

ある日のことです。

道を歩いていたら、電信柱が見えました。木の柱(当時の電信柱のほとんどは木でした)から何かがはみ出しています。よく見ると、顔が半分だけの人間。首から下はありません。顔の半分が半月のようにぽっかりと浮かび、こっちを見ています。笑っているのか、泣いているのか、怒っているのか、よくわからない表情の顔でした。

もちろん、逃げるように走って帰りました。

今思うと、あれは成仏できない浮遊霊の類なのではないかと思います。けれど、このように霊的なものはいたるところに、たくさんいるものです。僕が普段、カウンセリングをしている部屋でさえいます。霊能者の部屋だから完璧に浄化され、霊的なものは近寄ってこないだろうと思っていたら大間違い。実際にはワサワサとたくさんいます（笑）。問題なのは、その存在が人間に何か影響を及ぼすかどうか。

よくいわれているように、人間と霊的なもの（目に見えないエネルギー）の波長が合うと同調し、憑かれる状態になります。こう書くと、ちょっとコワイですが、実際には肩をポンポンとはたくだけで散っていくエネルギーも多いのです。

だから、霊がワサワサいると言っても、気にするほどの現象ではありません。

シェイクスピアの戯曲『ハムレット』に出てくる名台詞「ホレイショー、天と地の間にはお前の哲学では思いもよらない出来事がまだまだあるぞ」のように、霊的な存在は天と地の間に存在していることを知ってください。

しかし、あの顔半分の霊「カオ半分ナシ」。宮崎駿監督の「千と千尋の神隠し」に出てくるカオナシのように、人の心に潜む孤独感をあらわす象徴だったのかもなぁ。

●親父の手が唯一の救い

そんな恐怖の霊体験を繰り返す僕に、おふくろは「やはりあのことが何か関係しているのかも」と遠い目をして、この話をしてくれました。

僕の親父は築地で野菜の仲卸問屋《なかおろしどんや》を営んでいました。父方も母方も浄土真宗のお寺の出身。けれど、親父はおふくろと一緒になるために、築地でおふくろの父がやっていた仲卸問屋を継ぐ道を選びました。それを喜んだ祖父（おふくろの父親）は、新婚の両親のために、八百屋の店舗を兼ねた住まいを港区新橋に建てたのです。

僕がハイハイから、ヨチヨチと立って歩くことができるようになった頃、この事件は起こりました。当然、僕の記憶にはありませんが、住まいの2階の窓辺から幼い僕があやまって落ちてしまったのです。

すると、店の前にたまたま置いてあった野菜カゴが誰の手も借りずに、スーッと動き、落ちてきた僕を受け止めてくれたそうです。

偶然、建物の前に立っていたおふくろは、その光景を一部始終、目撃しており、突然の出来事に言葉も出なかったそうです。ゾッとしたけれど、幼い息子が不思議な力に守られていることを確信せずにいられなかったと繰り返し、僕に伝えてくれました。

たくさんの霊が見える僕は、霊たちと仲良く付き合っていたわけではありません。実際、霊たちは恐怖心をあおる様相であらわれるものですから、幼い僕は怖くて怖くて仕方ありません。けれど、霊たちが「ＡＫＢ48」な雰囲気であらわれていたら、とらえ方はずいぶん違っていたかも（笑）。

そんな僕が唯一、霊の恐怖から逃れ、安心感にひたれるのが親父の手でした。

何か怖いことが起こるたび、親父が僕の手をギュッと握りしめてくれるのです。不思議なもので、その手が触れているだけで、恐怖が消え、安堵の気持ちに包まれました。

親父の手のパワーは今でも不思議です。

ついでに、この親父は手のパワーだけでなく、その生き方は死ぬまで、僕の人生に和やかな影響を及ぼしました。

親父は野菜の仲卸業を営んでいましたが、おふくろが40代でハワイのフラダンスにはまり、フラの先生となり都内でスタジオを開くと、仕事をスパッとやめ、おふくろのマネージャーとなりました。以来、ふたりは何をするのも一緒でした。

この親父、実はおふくろをはじめ、女性にはめっぽう優しい男でした。どんな女性でも優しく接し、相手の気持ちがよくなるように配慮する心を忘れない。病院に入院している時も、自分の面倒をみてくれる看護婦さんにまで、そのポリシーを貫きました。息子の僕から見ても、その姿は本当に、天晴れ！

数年前、親父は狛江にある慈恵医大病院で他界しました。

親類縁者が見守る中、僕はベットの上で苦しそうに喘いでいる親父の手を握りしめ「もういいよ、親父！　逝っていいよ」と言った途端、息を引き取ったのです。

子供の頃、恐怖に怯える僕を助けてくれた親父の手を、最期も握ることができました。この親父の手の温もりは、今も僕の宝物です。

今、親父はあの世でおふくろと楽しく暮らしています。そして時々、僕ら家族の様子を見に来てくれていますが、その回数は他界してからの年数を数えるたび、だんだんと減ってきています。

それは「現世のことは、生きている人が何とかしなくてはいけないよ！」と親父が教えてくれているのだと思います。

人生は味も素っ気もなくなったら、退屈です。むしろ人生は、アレコレ、デコボコ、いろいろあるからこそ、醍醐味が感じられるのです。

僕と妹は、真面目だけれど、結構、ブッ飛んだところのある両親に育てられたので、「右へ習え」の生き方について、あまり影響を受けていません。

両親からは自己責任の範囲において、自由奔放に生きるということを教わってきました。とくに、親父が教えてくれたのは、人生のツケは自分で払わなければならない、自分のケツは自分で拭く、余裕があれば他の人のケツぐらい持ってやれ、なんてことです。

僕には娘がいますが、「自分の感性、想像力、情熱をフルに活用できることを見つけなさい」と教えたいです。

●予知能力が開花した思春期

中学・高校は東村山市にある学校の寮で集団生活を経験しました。キリスト教系の男子校です。

この時期に霊能力が一気に開花しました。とくに予知能力。僕はわりと英語が得意で、勉強もそれなりにやっていたので、英語の授業は好きでした。授業中、面白いのは先生から自分が当てられることが、前もってわかっていたことです。

「そろそろ自分が当てられるぞ……」

「では、小松くん!」

この先生から指されるタイミングは、100％当たりました。

数学では試験の時に、予知能力のおかげで、学年でただ一人、100点を獲得することができました。

学校の数学の教師はちょっと変わった人で、試験の時に「ボーナス問題」を一つだけ出題し、それが解けたら100点を与えるという太っ腹な先生だったのです。

数学の試験勉強をしている時のこと。ふと、ボーナス問題に出るのは、この問題ではないかなと、映像が浮かびました。その問題が出ることに確信をもった僕は、そこだけを集中して取り組むことにしました。

試験当日。ボーナス問題に出題されたのは、まぎれもなく僕が映像で見たものでした。僕にしてみれば、笑いが止まりません。だって、この問題を解くためだけに試験勉強をしたといってもいいくらいですから。

こうして、おいしいとこ取りのボーナスゲット作戦で100点をもらったのでした。これは自分の霊能力を実生活に活かした、初めての出来事だったかもしれません。

●消灯前の物質化ショー

高校時代。僕はまた一つ、ある能力に目覚めました。

それは「物質化」といわれるものです。ある日、インスタントコーヒーの空瓶に水を入れ、しばらく上下に強く振っていると、瓶の中にガサゴソといろんな物質があらわれるではないですか。

その中身は主に、小枝や石、葉っぱ、1ペニーのコインなどです。

たまたま、この実験を寮生が目撃していたため、僕は週に2回、寮の僕の部屋で物質化ショーを行う羽目になりました。

ショーのスタートは午後9時。消灯前のわりと自由になる時間です。僕の部屋に友達数人が集まるや、空のインスタントコーヒーの瓶を持つ僕の目の前に座ります。

全員がそろうと、水道の蛇口をひねって、空き瓶の中に水を3分の1ぐらい注ぎます。

ショーの主役は一応、僕。「絶対に他言無用だぜ！」と念を押し、瓶を強くシェイクします。

今思えば、自分の能力に戸惑いながらも、サービス精神は旺盛だったのでしょう。

水の入った空の瓶の中に出現したあらゆる物質を見て、友達は大興奮です。

実は今でも僕は時々、物質化を行っているようです。

こう書くと、受身的な表現ですが、自分で「物質化しよう」と考えなくても、自然にそうなっていることが多々あるのです。

僕は時々、就寝中に幽体離脱をするのですが、行った先（旅先といってもよいでしょう）で見つけたものを持って帰ってきます。自分では持ち帰ったつもりですが、どうも魂が旅先から自分の身体に戻った後に、ブツを物質化しているようです。

魂が体から脱けて、一番遠くに旅したのはヨーロッパにある小さな町。この町には公衆電話のボックスがあり、そこに置かれていた町の観光案内パンフレットを物質化したこともあります。ちなみに幽体離脱する時間は、僕たちの生きる3次元の時間で計ると3、4秒ぐらいのものです。

つい最近も脱けました。髪の毛が脱けるのはお断りですが、久々に幽体離脱したわけです。その時は、北海道のニセコ近辺に行ってきました。少し近辺を散策するつもりでしたが、生憎の雨で湿った空気を胸いっぱい吸っただけで帰って来ました。お土産は水晶。これが小粒の水晶なのですが、実に強い波動が出ていて、おかげでベッドに戻ってから、超ファンタスティックな夢をオムニバスで見せられてしまい、寝汗ダクダクで朝の4時半に目が覚めてしまいました。

食べ物も持ち帰ることもあります。最近ではリンゴ。食べてみるとほっぺたが落ちそうなぐらい甘いリンゴでした。これは忘年会の景品にしました。

●高橋信次先生のセミナーに参加

こんなふうに中・高時代は霊能力が開花する一方でした。が、自分がこんな能力を持っていることに違和感を抱き続けていました。

18歳の時には、自分の能力を肯定したいと思い、興味を持って参加したのが高橋信次《たかはししんじ》先生（宗教法人ＧＬＡ創始者）のセミナーです。僕にとっては生まれて初めてのセミナー体験。高橋先生はその少し前から、なんとなく「本物だ」と感じた、数少ない人物でした。

このセミナーは高橋先生がお亡くなりになる少し前に参加させていただきました。大人の「勉強会」という雰囲気が漂う会場には背広姿の男性が大多数を占め、ピリピリとした空気が流れていました。大きな会場の中に自分のような思春期の若者がちらほらといたのを覚えています。

先生と個人的に知己を得るには至りませんでしたが、このセミナーに参加したことで、高橋先生の教えは自分の指針になりました。

今でも師は誰かと尋ねられたら、迷わず「高橋信次先生」と答えています。

高校卒業後は大学に進み、飲食の道を目指すため、調理師の免許も取得しました。飲食の世界をとても身近に感じていたのです。なにせ、僕は小学校2年から親父にくっついて、野菜をのせた荷車をひき、汗をかいた顔になぜかレモンの汁をすりこみ、ヒリヒリさせながら家業を手伝っていたのですから。

20代で僕は就職、結婚、起業、倒産を経験しました。

32歳の時には念願のイタリア料理店を開店しました。西麻布と三軒茶屋でイタリアンの店を経営し、サービス精神旺盛な僕はお客さんに頼まれたら、霊視することもありました。

料理を作るかたわら、恋愛、結婚、仕事について霊視した上であらゆるアドバイスをし、喜んでもらいましたが、まさか、その能力がビジネスになるとは、思いもよりませんでした。いえ、正確にいえば、自分が霊能力を使ったビジネスをしてもよいのだろうかという、自信や根拠のなさからくる不安があったのだと思います。

しかも当時は、スピリチュアルという言葉も浸透していない状況。霊能力を使う仕事には興味はあったけれど、看板をかかげるために一歩踏み出す勇気、そしてきっかけもありませんでした。

しかし、その道に進まざるを得ない大事件が起こってしまうのです。

第2章

プロの霊能者として開業、現在まで

開業以来、5万人以上の人と接する日々。
クライアントと向き合い、
人間の心や心の法則に注目。

すべて、祈りて、願うことは、すでに得たりと、信ぜよ、さらば得べし。

（マルコによる福音書11：24）

●転職のきっかけは思いも寄らぬところから

36歳の時です。

やはり、この頃も霊能力を生かす仕事に興味のある自分には気づいていても、相変わらず、飲食の仕事をしていました。

ある日のことです。

レストランの仕事を終え、自宅にバイクで帰っていると、急に目の前の視界がゆがみました。何かが起こった？　体感覚ではわかるのですが、思考がついてこない。体は地面に突っ伏している状態でした。

しばらくして、一時停止を無視したベンツにバイクごとはねられたことがわかりました。事故現場に駆けつけた警察官や救急隊員に「よく生きていたなぁ」と言われるほど、九死に一生を得た状態でした。

そして、その半年後。またもや交通事故に遭《あ》ってしまいます。

僕のバイクを猛スピードで追い抜いて、目の前に急停車したタクシーに突っ込んでしまったのです。体がタクシーのトランクに乗ってしまうという事態でした。

これも前回の交通事故同様、かすり傷程度の負傷ですみました。またもや、生きていたのが不思議といわれる始末。

これは単なる幸運ではない。

半年のあいだに大きな交通事故に2度も遭ったことで、僕はその意味を考えました。

これは何かのサインじゃないか?

2度も大変な交通事故に巻き込まれるということは、僕自身、何か気づかないといけないメッセージのように思えたのです。この事故はそろそろ自分の生きる道を定めよ、という天の声ではないか。起こることに偶然はないのですから。

細菌学者のルイ・パスツールも言っています。

「偶然は準備のない者には微笑まない」と。

ただ、その偶然は自分の都合のよい出来事としてはあらわれません。僕のように事故という負の形であらわれることも多いのです。

僕の場合、この半年間に起こった2度の交通事故という偶然は、非常に肉体的にもイタイものでした。当時、けっこうなヤンチャ者だった僕にお灸を据える意味でも、この交通事故という形が天の配剤だったのかもしれません。

何かガムシャラに、ギラギラ生きていた時。

明日の事を考えて、なんてことすら思えずに生きてきた時分を振り返ると、我ながら情けなくなったり、恥ずかしくて顔が赤らんでくることが人生には少なからずあります。

まさに人生には山あり、谷あり、まさかあり。

けれど、唯一、確かにいえるのは、そんなガムシャラでギラギラな時代があったからこそ、今の幸せがあるということです。

多分、何があろうと人生は日々是精進であり、ある時期を境に精進の結果が、岩清水のようにジワジワと染み出てくるんですね。

僕の場合は、娘が生まれてから、そのジワジワがツーと幾つかの流れになってきたようです。

●祝福を思い出させる経験

こんな経験もあります。

2010年に入って間もない頃の出来事です。ある日、車庫の入り口のチェーンをかけに外に出ると、突然の悪寒！　いまだ経験したことのない、イヤな震えを感じました。

一瞬、悪霊に憑依されたのかと思い、すぐさま風呂に飛び込み、ジャグジーのスイッチを入れました。

目を閉じて湯船に身を任せていると、悪寒が徐々におさまるに連れて、辺りが黄金色に輝きはじめ、まさに安心立命の境地になりました。

すると頭の上の方から、なにやら賑やかに語り合う声が聞こえてきました。最初は何を話しているのか理解できませんでしたが、聞いているうちに、神代の頃の言葉だということがわかりました。

今から20年近く前。僕は離婚をして、5年ほど落ち込んで、砂をかむような日々を過ごしていました。皮肉にもこの間、僕の霊能力は強くなる一方。恥ずかしながら、その霊能力を競馬などのギャンブルや未来を予測して人を驚かしてみたり、と自己満足を覚えることにしか使っていませんでした。

しかし、ある日突然、すべてが吹っ切れて、ものすごく癒されて、暖かな波動に包まれた経験をしました。まるで万物から祝福された気分でした。ちょうど、高橋信次先生の著作を読んで勉強しはじめた頃です。

頭上の声は、その祝福された喜びを思い出させるために、言葉で言いあらわすことができないほどの悪寒を与えたのだ、という内容をワイワイガヤガヤと語り合っていたのです。

人間はそこそこ幸せだと、生かされていることの喜びと感謝の気持ちを忘れがちです。この出来事は20年近く前、挫折を経験した後に訪れた祝福の気分をもう一度思い出させてくれました。

最初は悪寒という形でやってきたこの経験は、実は今の僕が忘れそうになっていた、すべてが吹っ切れたあの「祝福体験」を思い出させる天の計らいだったのです。

●渋谷・道玄坂でヒーリング整体を開業

こんなふうに、僕だけでなく、人間は気づきのチャンスを与えられていると思います。僕の場合は半年間で2度の交通事故という、衝撃的な事件を経験したから、気づけたのだと思います。（神様は愛ある荒療治も行うんだよね）

気づきとは「気」がツクこと。だから気づきは、運を開くことになるんです。

2軒のレストランを閉め、僕は整体の学校に通うことにしました。霊的な能力を活かし、ヒーリング能力を高めるためです。

実は親戚のおばさんの調子が悪く、霊視したことがあります。肩に黒いかたまりが見えました。ためしにこの黒いかたまりを払ってあげた途端、おばさんの調子がよくなり、元気になった場面をまざまざと見せつけられたことがあったのです。

この経験を通じて、霊的な能力は人を癒すことにもなるとわかり、ヒーリングにも興味を持ちはじめました。ならば、その能力を整体で活かせることができたらと思い、入学を決めたのです。

この学校で現在の妻と出会うことになるのですから、人生は面白いものです。

それ以前に、自分を守ってくれる霊について知る機会もありました。

霊能者といえども、動物霊など低級の霊が憑いている場合もあるので、プロの神霊家に審神《さにわ》（神道の祭儀にのっとり、神意を解釈して伝えること）を受けておいた方がよいという勧めもあり、お願いすることにしたのです。

そこで、当時の宗教新聞社の編集長だった方と一緒に、大阪の「神霊の家」にうかがいました。ここで創始者の田中穂光《たなかすいこう》先生に審神していただくと、僕の場合は１８６８年に他界した浄土真宗のお坊さんの霊が守護霊として守ってくれていることがわかりました。

両親が浄土真宗のお寺の出身ということも関係しているのでしょうか、僕の家系には３００年にひとりぐらいの割合で、僕のような霊的な能力を持つ人間が生まれてくるようです。

平成9年にナショナル整体学院を卒業すると、渋谷に「小松整体ヒーリング」を開業しました。

道玄坂のビルの一室に事務所を借り、リーディングをはじめ、遠隔ヒーリング、浄霊といったカウンセリングをする毎日がはじまりました。

ここには老若男女、さまざまなお客さんが訪れてくれました。さまざまな業種の社長をはじめ、芸能人、ＯＬ、主婦、女子高生……。70代から子供までがお客さんです。５万人以上の方が来てくれたでしょうか。

僕の場合、カウンセリングの予約の電話の声を聞いた時に、その相談内容やその人となりが、ほぼわかります。

余談ですが、リーディングする時には、その人に関する情報を事前にいっさい入れない方がうまくいきます。なぜなら、先入観やその人特有の情報を入れてしまうと、霊視する際に、先入観から言葉の選び方にとらわれてしまい、アドバイスの精度が落ちるということがありえるからです。

僕は心霊現象に関して懐疑的な人達と、無益な議論を繰り返す心算はありません。信じたい、認めたい、と思う人にだけ、守護霊からのメッセージを伝えることが自分の使命だと思っています。

それから、僕は適切だと思う状況のもとで、霊視による情報を請われない限り、むやみにリーディングはしません。

たとえば、吉ギュウで僕の隣でつゆだく大盛りの牛丼を食べている女性が、自分の好みのタイプだったとしましょう。

彼女に「亡くなったおばあさんが『野菜も食べなきゃダメよ！』と言ってますよ」ナンテ伝えたりしません。

中途半端な霊能力を持った人や動物霊に支配された霊能者の多くが、見ず知らずの人に突然声をかけて、他人の人生にズカズカと土足で踏み込むような真似をしています。それはいかがなものか。

僕は常に自分のリーディングにハイクオリティーを課してはいますが、満点パパはありえません。僕も普通のオヤジですから、法外な期待にこたえようとして、クタクタになるのはまっぴらゴメンなわけなのです。

つまり、仕事において、過剰な演出やお涙ちょうだいの言葉を羅列しないということです。ただ、残念なことに世の中には、クライアントと大げさに泣いて見せたり、お涙ちょうだいを過剰に演出している自称霊能者、自称スピリチュアルカウンセラーなるものが、増殖中です。自分の誇りよりも、お金が大事なのかもしれません。

カウンセリングは霊視した内容をただ伝えるものではありません。見えたものをちゃんと伝えた上で、具体的にどうすればよいか、というアドバイスをしています。

●心の両手に汗をかこう

渋谷に事務所を開業し、さまざまな人と接したおかげで、その人にどんな言葉で伝えると心に響くか？ということを考えるチャンスをいただきました。

その一つに、幸せは自分の手でつかまえなければつかんだことにはならない、いわゆる「棚ぼた」はありえないよ、ということを伝えるために、「心の両手に汗をかく」という、たとえを用いて話をすることがあります。

実は人間は毎朝、起きると神様から両手いっぱいのチャンスをもらっています。そのチャンスをどう受け取るか。それには手が湿っていないと、チャンスは両手の中に残ってくれません。手が湿る状態というのは、その人が自ら汗をかいて働くことです。

数年前からちょくちょく、僕のリーディングを受けに来ている人がいます。その人が言うには「すごい！　先生の言うことは全部当たっている！　必ずその通りになっている、何でわかるんですかっ？　占いなら、当たらないこともあるけど、先生は微妙な時は、ちゃんと何％の確率でこうなるって教えてくれるし」なのだそうです。

まず、僕のリーディングはカウンセリングとは似て非なるもので、表現する言葉に注意しながら、「こうすれば、こうなる」と教えてあげるのが大筋です。

そして、肝心の答えですが、誰でも～Deep inside you know the answer ～答えはその人の潜在意識の中に埋もれているのです。

僕はそれを霊視で読み取り、できるだけ僕自身の感情を入れずに伝えるわけです。ただこれが実に難しいのです。そもそも人間は感情に左右される動物。大げさではなく、感情は社会、国家、経済、思想に多大な影響を与えているものだから。

そのぐらい、人間の感情には力がありますから、もし万が一にも、僕の感情で相手の運勢、運気、人生にマイナスの影響を与えてしまったら、エライことになります。だから、言いたくても言えないことが、少なからずあるわけです。

はたから見たら、あの人はぜんぜん仕事をしていないという人がいます。けれども、本人は仕事をしているつもりでいるから、タチが悪い。多くは、他人に自分の利益や名声を満たすために用事を命じているだけですから。「オイシイとこ取り」には皆、気づいているものです。働くとは、はた（傍）をらく（楽）にすることなのに。

いくら本人は仕事をしていると言い張っても、これでは汗をかいたことになりません。キレイさっぱりとした乾いた手では、両手いっぱいにチャンスが与えられても、サラサラと砂のように指の間からこぼれ落ちていくものです。そんなことになる前に、このたとえ話がいわんとしていることに気づいてほしいものです。

心の両手に汗をかきましょう！

●幸せの最速切符

現在、コンサルタントとして、31社の経営指南をさせていただいています。業種は造船、アミューズメント、IT、製菓など。コンサルティングでは会社の人事をはじめ、出店する時期や場所の指南、経営者やその家族などプライベート面へのアドバイスなどを求められます。

アメリカでは、霊能者が企業のコンサルタントとして経営会議に出席するのは日常茶飯事ですが、日本の政治家や経営者の方々はまだまだ霊能者のところへはお忍びでいらっしゃるようです。


渋谷に事務所を開業したのはいいけれど、最初から満員御礼という状態ではありませんでした。

閑古鳥がなく日だって何日もありました。事務所に長い時間、ひとりでいると、お客さんが来てくれるのがとても待ち遠しくて……。


けれど、首を長くして待っていたお客さんがドタキャンすることも！


自営業にしてみれば、これはとても辛い出来事です。

こんな事態がしばしば起こるたび、僕はそのお客さんにたいして怒っていました。

せめて前日までに「すみません、行かれなくなりました」と連絡があるなら話はわかる。

けれど、ドタキャンするとは。小松火山噴火寸前です。

仕事がなくては困ります。僕も家族を支えるために稼がなくてはならない身ですから、急なキャンセルは途方にくれるのです。

そんな事態が起こるたび、僕はいつも噴火寸前になりました。

ある日、フト（この、フトというのが天からのメッセージなんだよね）、僕は思い至りました。

ドタキャンしたお客さんのために祈ってあげよう。

それまではコノヤロー！と、怒ってばかりいたのに、そんな気になれたのが不思議でたまりませんでした。

それからというもの、僕はドタキャンされても怒らず、「○○さんが幸せでありますように」と、その人を思い、ドタキャンの電話を受けた後には必ず、祈り続けました。

すると、何が起こったと思います？

「急ですが、今日リーディングの予約はできますか？」という電話が、かかってきはじめたのです。

思えば、人に何かありがたいことをしてもらったら、素直に感謝できるものです。ありがとう、と心から言えます。この「感謝する行為」は難しいものではありません。

一方、自分を不幸に陥れたり、悲しませる相手には、素直に感謝できるでしょうか。ドタキャンしたお客さんは、最初、僕にとって感謝の「か」の字さえ、捧げられない相手でした。けれど、ある日から考えを改め、その人たちに感謝を捧げ、幸せを祈った。その結果、僕が手に入れたのは、キャンセルを上回る数のお客さんと予想もしない大きな幸せでした。

あなたを不幸にした相手に、最初は気持ちはこめなくてもいいから「ありがとう」と言ってみてください。

どうして、あんなイヤな奴のために感謝や幸せを祈ってやらなくちゃいけないの？　そんな声が聞こえてきそうですが、あえて、その人に「ありがとう」の気持ちを送ることが、幸せへの最速切符なのだと思います。

これは僕自身が身をもって経験したことだから、自信を持って言えるのです。

●カルマは「テーマ」と置き換えよう

占い師や霊能者巡りを経て、僕のところに来られる方がいらっしゃいます。たいていは、自分に都合のよいことを言ってほしい人たち。あそこではこんなよくないことを言われたから、別の霊能者の意見も聞きたい。できたら、自分が満足する答えを言ってほしいと、本心は求めています。

中には「あなたの前世でのカルマが、現在のこんなよくない事態を引き起こした」と霊能者から言われたのを気にして、それを払しょくしたいがために、来る人も。この世に命をもらったからこそ、大切にすべきなのは、現世をちゃんと生きることなのに。

自分の前世を知りたいという人はたくさんいらっしゃいます。でも、前世を知ったところで、何か得することでもあるのかな、と思います。ファンタジーとして楽しめる人はそれで結構でしょう。

あるトレンディ俳優の元祖といわれた男性が、某スピリチュアル・カウンセラーから「前世はイタリア人、と言われたんですよ」とうれしそうに話してくれたことがあります。彼は素足に革靴を履くことで知られる人。けれど、僕が霊視したら、前世は確かにイタリア人でしたが、靴も履けないような身分の人でした。

話を戻します。

霊能者からカウンセリングを受け「カルマ」という言葉を聞き、それが今、物事がうまく進んでいないことの原因だと言われてしまうと、動揺してしまう人がいます。これは目に見えないことだから、その手のことが見える人に依存してしまうことにもなりかねません。

結論からいえば、前世やカルマ、因縁という言葉にとらわれる必要はいっさいありません。カルマ＝テーマ。この世に生まれてきた目的は、自分が生まれる前に決めた「価値観」を形にするためです。

僕が怒りを覚えるのは、何か物事がうまくいかないからといって「前世でのカルマがそうさせている」と脅かす霊能者が少なからずいること。目に見えない世界を持ち出されると、その手の話に傾倒する人はつけこまれてしまい、その考えにとらわれてしまいます。

人間として生まれる前に魂は、あの世でカルマ（業、因縁）について学習し、自分の使命といえる「価値観」に変換するのです。生まれ変わるということは、自分の価値観を実現させること。つまり、人生のテーマを生きることですね。

テーマを貫くために、生を受けたことを忘れないでほしい。

人間は地上に生まれてくる時、「今度こそは、ああしてこうして、こんなこともして、頑張るぞ！」と言う意気込みで産道を通って出てきます。

つまり地上世界で何をなすべきか自覚していますから、自ら両親を選び、生活する環境をも選択してくるのです。

ただ実際に、肉体を持ってしまうと、魂の自由さが肉体の鈍重さに負けてしまい、誕生前の意気込み、ガッツが魂の奥底に埋もれてしまうのです。

するとほとんどの人が、現在の生活こそがすべてだと思いこみ、物的なものに必要以上に執着してしまうのです。


ではどうすれば、霊性を進化させることができるのでしょう?

その鍵は、日常生活の中にあります。絶頂もどん底も、地上生活だからこそ体験できるものです。それに感謝する。これに尽きます!

生きるということは、進化すること。上に向かって努力して、発展することだと自覚しましょう。

むやみに過去世を振り返っても、魂の進化には繋がりません。人間が真に感じることのできるのは「今」だけですから。

その点を踏まえていれば、治療的なヒプノセラピーは魂の進化向上に大いに役立つと思います。良いセラピストと出会えるか否かは、御縁ですけれどね。

●自分で一歩を踏み出すと、神から一押しされる！

霊的な能力を活かす仕事を本格的にはじめる前のことです。プロデューサーを名乗る人から僕を売り出したい、と相談されたことがあります。

「小松さん、目には見えないものを扱う業界であれば、メディアに出る時のファッションも考えなくちゃね」

「それは、どういうことですか？」

「やはり、テレビに出るんだったら、視聴者にエンターテインメントを提供しなくちゃ。それらしい格好をしようよ！」

僕たちの間でこんなやりとりが交わされました。

そのプロデューサーと名乗る人物が提案したメディア受けするファッションとは「神主」の衣装。テレビ受けするためにそんな格好をさせられたんじゃ、たまりません。絶句しました。

この話は結局、僕の方からお断り。

たしかにメディアに、それらしい格好をして登場したら、それなりにウケるでしょう。テレビを見ていると、それらしい格好を「させられて」登場している霊能者はたくさんいます。本人がそれで楽しめるのならよいのでしょうが、僕の場合はまっぴらゴメンの助。

だから、今のようなTシャツ、短パンという自分が気持よくいられるスタイルでお客さんと向き合っているのです。

霊能者が全員、水晶玉を見つめて、撫でたり、擦ったりして、怪しげなトランス状態になるわけではありません。

それから、自然食しか食べなかったり、天然素材にこだわった服を着て、ヒマさえあれば瞑想したり、般若心経を唱えているわけでもありません。中には、そんな人もいるかもしれませんけどね。

少なくとも僕は全然違います。

僕は、タバコは吸わないけれど、酒は多少飲むし、炭酸飲料が大好き。肉とお米は大好物で、野菜と魚は二の次で、子供の頃から乳製品、とくにバターと生クリームが大好き。今でもパンはバターを食べる時のツマミだと思っていますし。余談ですが、バターを手作りすることだってあります。

メタボ街道まっしぐらとツッコまれそうな食生活を送りつつも、意識的にダイエットはする。お茶の間でテレビドラマ『水戸黄門』を見てホロホロと涙する時もあるし、愛車のオープンカーのベンツで、覆面パトカーを追い抜くぐらい高速道路を飛ばすこともあります。(汗)

以前、スピリチュアル関係の事柄に詳しい人達から、異口同音に「炭酸モノは、霊能力を弱めるし、インポテンツの原因にもなりますよ」と忠告を受けたことがありますが、まったく問題ありません。

たしかに、深い瞑想状態になったり、トランス状態になるのは、効果的なのかもしれませんが。
僕は毎日5、6分お祈りして、自分の思いや願いを明確に守護霊団に伝える方が、自分の性に合っています。人それぞれ、自分のやり方でやるから、人生に深みが出てくると思うのです。「こうあるべき」という考え方に合わせた時から進歩はしなくなりますね。

僕がもし、欲をかいて自分では好まない「神主」の格好を選んでいたらどうなっていたでしょうか。大げさにいえば、プロデューサーに魂を売った状態で、名声をひたすら求めていたら……。破滅の道のりを歩んでいたことは間違いありません。僕が今、大切にしている妻と娘との時間も消えていたでしょう。

間違った道を歩まないですんだ理由は、僕自身、小学校で剣道、中学で空手やラグビーなどを経験して得たことが大きい、と思います。
剣道や空手は対戦以前に気持ちの上で負けると、負けてしまいます。つまり、体がついてこないのです。対戦する前は自分を律することが大切なんですね。他人の言葉に戸惑わないために、普段から自分を律しておくのです。

「売れたい」と思うのは正しい欲望です。これは何も芸能人だけに限った話ではありません。自分の指針を感じとり、自力でがんばるから神様からの一押しがあるのです。これは間違いありません。

●女より男の嫉妬の方が断然怖い

親父が生前、繰り返し言ったことの一つに「笑顔をたやさない男は信じるな」というものがあります。これはけだし名文句。

あいつは自分よりも金持ちだ、いい女も、いい車ももって、会社でも出世して、高級マンションも持っている。あいつは何もかもが自分より上のランクだ、くやしい！　実社会に出てみると、こんな妬みの感情を持った男はどこにでもいるわけで、珍しくもなんともありません。

こんなふうに男の妬みは、女のヤキモチや嫉妬に勝るとも劣らない位、厄介で恐ろしい「負」の力を持っています。しかも、女性のそれよりも根深くてしつこいのです。

同性に嫉妬し、もしくは嫉妬されているなと感じ、生活の中で自分の感情が波立って心がマイナスの波動で苦しくなってきたら、大きく深呼吸をして、肩と首の力を抜いてください。それから好きなものでも食べて、サッサと気持ちを切り替えることです。

さもないと、心のマイナス波動はさらに、マイナス現象を呼び込みますから、注意が必要です。もし幸せになりたいと願うのであれば、何でも自分の心から出たものは、巡り巡ってわが身に返るという、波動の原理を忘れないことです。

世の中には、色々なタイプの男がいるわけですが、僕の理想像というか、こんな男だったら親友にしたいな、と思うタイプを紹介します。

まず第一に、いつもは控えめで、ジェントルで、自分の持っている能力（肉体的な強さ、財力、技術力など）の60％位で生きていて、周囲から浮き上がることがない。そのかわり、一旦ことが起きて「ここぞ！」と言う場合に全開で能力を出せる男。もちろん、男は女性と子どもに優しくないといけない、これは基本中の基本です。

さらに、でかい夢を持っていて、その実現を信じて疑わない男。つまり、分相応プラスアルファが男を大きくするということを実体験している人ですね。

僕のあこがれの人はベルギー人の自動車ジャーナリストである故ポール・フレール氏。彼は人を愛し、家族を愛し、仕事を愛した男として知られていました。そんな男に僕はなりたいですね。

僕自身は愚痴と未練についてほぼ手放しているつもりです。どうやって手放せたかというと、滝に打たれたり、断食したり、瞑想したりという辛い肉体行の末に……なんてことはありません。

妻のこんな一言でした。

「愚痴る男と未練たらしい男はカッコわるい！」

愛する人の一言は値千金です。

●思考を現実化したふたりの女性

思考はよくも悪くも現実化するものです。実際に自分の身には何も起こっていないけれど、繰り返し想像し、言葉に出し、書いていくと、必ず引き寄せることはできます。**願いに集中し、叶った時の感覚を先取りし、関心を向ければ向けるほど、願いは拡大され、外界に磁力を放ちます。**

そして、その磁力に見合ったものがちゃんと訪れるというのが、この世の法則です。

相談にみえられた方で、不倫の末に結婚をされたカップルがいます。相談に来られたのは女性の方で、当時30代後半。男性は50代前半で既婚者でした。このふたりは女性がホステスをしているお店で知り合ったそうです。

僕が霊視したところ、彼と妻の間には愛がなく、彼はこのホステスの女性と人生を歩みたい意志があることがわかりました。そして、このふたりが半年後に結婚することが見えました。僕はそれを踏まえた上で、彼女にこうアドバイスをしました。

「こうなってほしいという願いを具体的に思い描いてください。決して、負の言葉―彼の奥さんがはやく離婚届けに判を押して別れてくれますように、など―を使ってイメージしてはいけませんよ。そして感謝を先取りしてお祈りしてください」

彼女は、彼と結婚して楽しいと思う場面だけをあれこれイメージし、それを繰り返しました。イメージングで肝心なのは、具体的に思い描いて気持ちが高揚する場面を何度も味わい、それを繰り返すこと。彼女がこんなふうにイメージングや感謝のお祈りを続けていると、着々とその相手と奥さんとの間で離婚が整っていったそうです。

そして、僕が予言したとおり、ふたりは半年後にゴールインしたのです。今でもこのカップルはお互いを支えあい、楽しく暮らしています。

もうひとり、例をあげましょう。

ハデな服装や髪形をして、いつも華やかな雰囲気を漂わせている彼女は、はじめ何の仕事をしている人かわかりませんでした。が、実は年間3000~4000万円を稼ぐ、外資系の会社につとめるコンサルタントでした。

高校・大学とヨーロッパに留学し、ある外資系の証券会社に就職していた30代の彼女の夢は、ワールドクラスの大富豪と結婚することでした。彼女にも願望を思い描くこととお祈りをすすめました。

その後、半年の間にセレブや富豪といわれる男性たちとの出会いがありました。知り合いに誘われて行ったパーティーで、某国の王族やアラブの富豪といった、普通の人では滅多に会えない立場の男性たちと出会うチャンスが巡ってきたそうです。

彼女はまだ結婚に至ってはいませんが、こんなふうに夢を具体的に思い描くことで、自分の理想の条件に近い男性を引き寄せています。念の強い彼女のことだから、きっと思い描いた通りの現実を手に入れることでしょう。

●心の振幅をなくそう

前述したように、いわゆる人々が抱きがちな「霊能者」らしからぬライフスタイルをおくる僕は、どこに行っても目立つタイプらしく、サラリーマンと比べると自由な時間も多く、日中に近所に出歩くこともあるので、「あの人何やってんの?」と、ご近所の人たちの噂の的になっているようです。

僕のことをカーちゃんはよく聞かれるそうです。「ご主人、何のお仕事をしていらっしゃるの？」と。しかも、時には子供を使って（笑）。

中には、霊能者であることを知っている人もいますが、ほとんどの人から「え、まさか、あの人が？」というリアクションがかえってきます。彼らのイメージにある霊能者から、僕はおよそかけ離れているのでしょう。ほとんどの人は霊能者を「普段から作務衣を着ている、ベジタリアン」にしたいようです。（笑）

僕がクライアントさんに向き合う時に心がけているのは、できるだけ心の振幅をなくすこと。

江戸っ子でケンカっぱやい気質の僕は、誰か（特に女性や子ども）が一方的に暴力を受けていると、見てみぬふりができないタイプ。頼まれなくても、飛んでいって仲裁するだけでなく、加害者におしおきするのも忘れない。

こんな時はアドレナリンがドクドクと体内を巡り、かなり興奮状態になりますよね。

心の振幅をなくすために、僕はこんな事件に出くわしてもすばやくクールダウンし、後にひっぱらないよう心がけています。大切なのは、その日中にリセットすること。

いつも平常心でいることで、お客さんにちゃんと向き合えるのだと思います。

●恋せよ、男女

男も女も若いヤツらが恋愛をしたがらなくなっているそうです。これは、銀行の待合で女性週刊誌で知りました。

実は、ロト6に当たったことがあり、カーちゃんと昼飯を食う前に銀行で換金して、僕だけのヘソクリにしようと企みつつ、週刊誌を読んでいたのです。

次が僕の番だ、シメシメ、ウッフフ、と宝くじを見ていたら、心臓が口から飛び出るぐらいビックリしたことがありました。

「何してんのっ?」とカーちゃんが突然、隣に座ってきたのです。

「え〜っ、どうして、ここがわかったの?」

ヘソクリ計画は、未遂に終わり、僕は彼女に半分のお金を差し出しました。

前置きが長くなりましたが、その記事によると、ともかく若いヤツらは、人と深く関わるのが面倒くさい、傷つきたくないという心理が強くて、その結果、情熱や夢が希薄になっているようです。これは、僕に言わせると「じゃー、何が楽しくて生きてんのさ?」僕は情熱と夢が人生の原動力、肝心要だと信じています。

その二つが希薄ということは、想像力が乏しいわけで、自分を含めた人に対する愛がない、ともいえます。僕のように、カーちゃんと宝くじまで分かち合う気持ちがないと、いけないのですね。(冷や汗)

情熱や夢は、人生の進歩、変化、目的の達成を後押ししてくれます。後一歩のところで、肩を押してくれたり、成功へのドアをノックするきっかけを与えてくれるエネルギーなので

す。

そして、もしあなたが本当に夢の実現、願望の実現を望むのならば、その結果だけに焦点を絞らなければなりません。ゴールへ至る、筋道や方法をアレヤコレヤ考えていると、その時点で情熱や夢の後押しを使いきってしまい、ここ一番のエネルギーが残らないからです。

詳しく説明すると、アレコレ考えている間に必ず「判断をくだしている」のです。この「判断」というのがものすごくネガティブなエネルギーを持っていて「他の人がどんなふうに思うだろうか」「こんなことがバレたら恥ずかしい」などと、「負」を巻き起こしてしまい、それが後押ししてくれるエネルギーとぶつかり合い、相殺してしまうのです。

これは、何も恋愛の話だけではありません。

どうも、最近の日本人は理想も目標も小粒になってきてしまったように思えます。若いビジネスマンに目標を聞くと「細く長く途切れないように、定年まで働きたい」なんて答える人が意外に多いのです。

立身出世だけが大事だといっているわけではありませんが、要はデカイ目標を持つこと、高い志を持つことを考えてほしい。若い時から、ちんまりまとまってしまうと、その先はありませんからね！

僕の親父の青春時代は「男たるもの、大志を抱き、それに向かって邁進《まいしん》せよ」という言葉がまだかろうじて生きていました。初志貫徹とか、気持ちや意識を鼓舞する四文字熟語が、まだまだ多くの青年の人生の規範となりえた時代でした。

時代を選ぶことなく、人間にはシンプルで直向な野心があってこそ、努力、創意工夫が目に見えて生きてくると思うのです。志だけは高く持っていないと、自分自身の中から浮力は湧いてきません。

アメリカ人の俳優、ビル・マーレーの主演映画に『恋はデジャ・ブ』（1993年）があります。これが実に面白い！　僕は5回は見ました。簡単にストーリーを説明すると、ビル扮する利己主義で自己保存の塊みたいな嫌われ者の気象予報士フィルがアメリカの片田舎で、2月2日を永遠に繰り返し生きるお話です。そこには神の配剤（深い神の愛と慈悲）があるのですが、フィルはわけが解らないまま。彼は戸惑い、恐れ、周りの人に助けを求めるのですが、普段から嫌なヤツなので誰にも相手にされないのです。

話のキモは、フィルの心の変化、人間としての成長が周りの人を巻き込んで幸せにしていくところ。まずは戸惑いや恐れが、怒りと諦めにかわり、そしていつしか自分以外の人を大切に思う気持ちが芽生え、勤勉で慈悲と愛を兼ね備えた人間に成長していくわけですね。最期にひとかけらの怒りが愛に変わった時、2月2日から抜け出せ、チャンチャンとなるわけです。個人の人間としての成長は、周囲に波及していくのは事実。この映画では、人生や恋愛について学べるのです。

ここで、僕から恋愛にためらう男女に喝を入れさせていただきます。

好きな男性からアプローチされないと自信をなくしている女性へ。告白は男からとは決まっていません。年齢や立場なんて気にすることなく、気持ちを伝えましょう。そして、鏡で自分の容姿をじっと見て、自分のチャームポイントを探し、そこを引き立てるファッション、メイクに気合を入れてみてください。

草食系といわれる男性へ。好きな女性がいたら、早くモノにするようアタックしましょう。失恋してもいいではないですか。愛する人と相思相愛になれば、生きている意味が実感できます。男の本能―何とかしてこの女性を守り続けるぞ！―を目覚めさせてください。あなたのアプローチを待っている女性が身近にいるかもしれませんよ。

第3章

見えない世界との付き合い方

目には見えない世界を知ることで、
心が安定し、幸せに一歩ずつ
近づいていきますように。

毎朝、鏡を見て思う。「納得できる自分か？　俺」（小松賢次）

●あなたを守っている霊について

守護霊とは、その人に寄り添っている霊のことです。

僕の解釈する「守護霊」とは、ほとんどの人が自分の前世。

人間の魂は合計6人の人格で形成されています。一つの魂＝6人の人格です。

現世のあなたが中心にいて、その周りを分身である5人の人格が取り囲んでいるように、イメージするとわかりやすいでしょう。

この6つの人格は輪廻転生を繰り返し、いつも現世で生きる人を前世の自分が守っている状態です。

前世の自分でもある守護霊は、あなたといつも一緒に歩んでいます。生まれる時から死ぬまでずっと。何があっても、ひたすら見守ってくれている状態です。

指導霊とは、仕事や専門知識を与える役目をします。音楽家には音楽家の霊が、美術家には美術家の霊といった具合に、その人が専門とする仕事をサポートします。

転職や独立する場合、指導霊はそれまでの霊から、その人が選んだ道の専門家である霊にバトンタッチする場合もあります。

支配霊とは、価値観を形にするために具体的な事柄を経験させる役目。これは前世での知人や友人であるケースが圧倒的に多いですね。

人生の転機や選択をする時に、誰かと出会わせてくれたり、出来事を発生させる役目をします。偶然の出来事なんかを仕組んでくれるのは、たいていがこの支配霊です。

補助霊とは、指導霊や支配霊の手伝いをする霊。これは他界した近親者が力を貸す場合が多いですね。

では、自分を守っている霊たちからの働きかけを、余すことなく受け取るには、どのようにしたらよいか。その答えは、実に簡単です。

明るく、楽観的な気持ちでいればよい！　これだけで充分です。

もう少し詳しく説明します。

まず、霊界は光の領域、波動の世界です。そして守護霊、指導霊、支配霊の波動はシータ波以上の波動ですから、人間の脳波もそれに合わせて、楽しいことをアレコレ思い描いてシータ波が出ている状態にすればＯＫです。

実は、このメッセージを僕の守護霊から受け取った時、僕は3時半に目が覚めました。普通の人は半覚醒状態、レム睡眠の時に、潜在意識の領域で守護霊からのメッセージを受け取ることが多いのですが、僕の場合はそれ以外に、目が覚めている時に、顕在意識にメッセージが流れ込んでくることも多いようです。

それら自分を守ってくれている守護霊、背後霊といったスピリットの役割は、人間としての器が大きくなるようなことをしようとする時、全力で協力してくれます。

ただし、だからといって物事が簡単に済むわけではなくて、山あり、谷あり、まさかありは、もれなくついてきます。

けれど、諦めない限り、この霊たちの存在は願いが成就するまで全力でバックアップしてくれます。

彼ら波動の高い霊たちの好物についてちょっと説明します。

彼らは、寛容の精神、思いやりの心、同情心、愛情、無欲の行為なんていうのが大好き！

中でも大好物なのが、自己犠牲です。自己犠牲は天国（波動の高い霊域）へのプラチナ・チケットみたいなものですから、手に入れたらそれこそ守護霊、背後霊から羨望の眼差しで見られます。

なお、天使も存在します。

どんな姿であらわれるかといいますと、ここからが難解、複雑怪奇、アウターリミッツなんです。たとえば、キリスト教徒であれば、背中に羽をつけて出てくる場合が多いし、仏教徒であれば、白や紫の羽衣を身につけた女性があらわれるかもしれないのです。

時には中性的な姿であらわれたりもします。ただ、いくつかの共通点があります。

1、宗教の種類や天使にたいするイメージに関係なく、光に包まれた姿であらわれる。

2、今までかいだことのない、とてもよい匂いがする。

3、天使を見た瞬間から、すべての恐れ、悲しみ、苦悩などから開放され、その状態がしばらく持続する。

身近に天使があらわれる場合、速やかに対処しないと大事になるよ！とだけ伝えて、消えてしまうケースがほとんどです。また、事態を好転させる為に繰り返しあらわれる場合もあります。

●スピリチュアルを仕事にする人は龍神系が多い

龍を目にする場所。それは中華そば屋のラーメン丼の内側（笑）。龍は日本の創造主、天照大御神の象徴でもあります。想像上の生きものではありますが、ラーメン丼でお目にかかる時と同様、スピリチュアルでは身近な存在です。

龍神は神様の最高の称号をあらわします。あらゆる物事を解決する方向に導き、「育てる」「司る」ことがお好きな神様です。

愛のシンボルともいえる龍神の手足は、天と地をあらわし、左右に伸びたひげは、万物実相の方位、角は生命力、髭は長寿、手に持つ如意宝珠は、すべてが備わっているというしるしです。

そのお姿は、なかなか現実に目にする機会がありませんが、たまに写真の中で炎や雲に、あらわれることがあります。

よいことも悪いことも、物事をはっきりと伝え、イニシアティブをとって周囲の人たちを引っ張っていくようなリーダー的な存在の人は、龍神系です。

ちょっと曖昧な表現かもしれませんが、「龍神が守っている」というよりは、その人の霊界におけるコミュニティのシンボルと思ってもらえばよいでしょう。

神の摂理＝自然の理の中では、すべての存在が自由であり、原因と結果の法則の中で調和しています。

では、神の摂理＝自然の理とはなんでしょう？　僕もその答えが、ストンッと胸の中に納まるまで、アレコレ試行錯誤、沈思はしませんでしたが、だいぶ黙考はしました。簡単に説明すると、この世もあの世も、不可視の力によって創られ、その意思によって1秒たりとも止まることなく進化しています。そしてその進化には、リズムというべき一定の周期があることがわかりました。

それは、自然界の進化育成を司《つかさ》どる龍神の波動が関係しています。僕は人間の努力や挑戦は尊いものだと思っていますが、現実には、必ずそれが実生活で報われるとは言いきれない。そこで僕は、もし進化育成を司る、龍神の波動に感応することが出来たら、すべてのことがよい方向に進むのではないかと思っています。

また、想像上の生きものや動物、神様がシンボルのコミュニティもあります。まず、天狗、犬、蛇、狐、猿など。神様の名前でいえば、大黒天、弁財天、シヴァ、ガネーシャなど。これらは諸天善神と称されることが多く、人間の願いや努力によってチャンスを与え、奇跡を起こします。

ただし、地獄界にいる動物霊は自ら「神」だと名乗り、霊能者の口を借りていたずらをすることもあります。彼らの特徴は総じてあつかましく、相談者を脅すような言動をとります。

ある時、インドの霊的指導者であるサイババが物質化したネックレスを見せてもらったことがあります。そのネックレスを持った途端、蛇がニョロッと動いたように思いました。そして、サイババの写真を霊視すると、無数の巨大な蛇がからまっているのが見え、これらが彼のスピリチュアル・ガイドであることがわかりました。

後で調べてみると、サイババの暮らすインドは蛇信仰が盛んだとか。彼の拠点である南インドのプッタパルティでは、ナーガ（蛇）の石像がいたるところに祀られているようです。

神道において、日本は八百万の神が守る国だといいますが、これは本当。「やおよろず」とは、数えきれないほど無数、多数という意味。多数の神様が存在するというよりは、精霊信仰のように、すべてのものに神様が宿り、司ると考えた方がわかりやすいでしょう。日本をルーツに持つ人だと、龍神系に属する場合が多いようです。

●神棚の祀り方

自宅の神棚は、仏壇とは別の部屋に設置しましょう。

部屋にはいっさい、電化製品を置かずに、仏壇より高い位置になるように設けます。重要なのは、東に向けて置くこと。これは太陽の光を背に受けて、太陽の光と共に願いを神様に通すからです。よって、拝むのは日の出の時間帯が理想です。二礼二拍手一拝の礼拝は、神社でも自宅でも同じです。

話がちょっとそれますが、「太陽の光と共に」という教えは、スピリチュアル的にとても意味があります。実は今、僕の守護霊が教えてくれたことですが、あの世にも太陽があり（この世の太陽と次元が違うそう）現世の人間をはじめ、地球に生きるすべての命にエネルギーを供給してくれているようです。これは恵みの太陽で、地球上の生命はそれを受け止めるのみでよいそうです。

神社でいただいたお札は、真ん中に天照大神のお札を。その左右に氏神様や信仰する神社のお札を祀りましょう。左右に決まりはありません。古くなったお札はいただいた神社にお返しするのがベストですが、氏神様でお焚きあげしてもらうのもよいと思います。

●あの世の3構造

人間は死ぬと、魂だけの存在になります。肉体を離れた魂が行くのが、一般に「あの世」と呼ばれている霊域。ここにはさまざまな「界」が存在し、魂が自らの魂を磨くことで、さらに上の霊域に行くことができるのが特徴です。その中から幽界、霊界、神界という領域についてお話しましょう。

幽界

人間の魂が現世を去って行く場所。この世とは比べものにならないぐらい、調和がとれた社会が成立している。潜在意識が90％で顕在意識が10％なので、思っていることがすぐに実現し、最初は戸惑う。同じレベルの意識の魂たちが集まり、より高い次元の世界へ進めるよう、努力しているのもこの霊域の特徴。幽界より高いレベルにある、霊界や神界の指導者たちが心磨きをサポートする。

幽界（サマーランド）　肉体の衝撃を癒す領域
霊界　幽界の魂が進化・向上していく領域
神界（菩薩界・如来界）

霊界

幽界よりレベルが一段、高い霊域。幽界から進化してきた魂も多い。現象界で生きていた時の国や民族にとらわれることなく、「魂、みな兄弟」という世界が形成されている。現象界では各国に散らばっていた魂の兄弟たちが集まり、彼らとは意識が完全に通じ、すぐにわかりあえる。この霊域では、現象界がすべてお見通しなので、地球に暮らす魂の分身（あるいは本体）の苦しみや変化が手にとるようにわかるので、共に修行をする場合もある。

神界

光の天使の住む世界。現象界で価値観を形にあらわすために努力する魂たちに協力している天使たちは、幽界と霊界を指導する立場でもあり、幽界や霊界の魂からも崇められる。幽界、霊界の魂たちがいろいろな学びを経て、成長していくのにたいして、この霊域の魂は無から有を生み、創造していくことで、上界へ進むことができる。

このように、あの世でも意識の調和がいかに大切であるかがわかります。現象界の人間の善悪は、自分で裁き、償わなければならないのが、あの世の約束事です。

釈迦は「苦」を滅する方法として「八正道《はっしょうどう》」を解き明かしました。正見・正思・正語・正行・正命・正精進・正念・正定です。

すべての言葉に「正」の字がついていますが、これは「真理」や「調和」のための考えをあらわしています。自分本意や自己保存にとらわれることなく、不平・不足・不満などの苦しみを作ることなく、生きていきましょうという教えです。実は八正道の教えは、あの世の霊域で修行や努力をしている魂にも有効な教えで、実践することによって、上界に行くことができるようです。

●本当に見えているの？

あるテレビ番組に出演した時のことです。

アイドル・ユニットのメンバーが司会をする番組で、その内容は、数名の霊能者とともに出演し、霊的な能力について討論するというものでした。

収録中、司会者の横に赤いリボンをつけた女の子がいるのが見えました。姿を消すことなく、彼に寄り添うように、ずっとスタジオに居座っています。

しかし、そのことを誰も指摘しない。

ただ、僕の横に座っていた出演者のひとり、自称「わたしは空が飛べる」おばさんだけには見えていたようで、ふたりで司会者の横に霊がいるね、なんて話していました。

そこで収録中、僕は「彼の横にいる霊が見えないの?」と他の霊能者に疑問を投げかけてみました。

しかし、僕たちふたり以外には、霊が見えてはいないようでした。

この経験から「霊視」「霊感」の看板を出している霊能者で、本当に霊が見える人の数はいったい、どのくらいいるのかな?と疑問に思っています。

テレビではスピリチュアルな番組がゴールデンタイムに放送されるほど人気を呼び、目に見えない世界の仕事をしてみたいという、スピリチュアルにあこがれる人も増えました。

実際には「霊感がある人」と「霊能力を活かせる人」は違います。

「霊感」は人間全員に備わっている感覚。「なんとなくそんな気がする」というカンを頼りにしてアドバイスするだけでは、霊的な能力を活かす仕事にはなりません。ちゃんと霊が見えて、情報を得て、そこから解決のヒントを探ってアドバイスができないと、本物の霊能者とは言えないのではないでしょうか。

ちなみに僕が霊視をする時は、第三の眼といわれる眉間の間に、スースーと風が通っているような感じになります。これは、僕が他の霊能者が霊視する場面を見ている時にも感じる感覚です。

テレビ番組『オーラの泉』に出演されていた霊能者の江原啓之さんは、とても能力の高い人だと思います。ただ、あの番組を見たかぎり、彼は番組の中であまり霊視をせず、台本を読むことが多かったのではないかな、と感じました。

●スピリチュアルと理性の同時並行で考えることも必要

ある女性をリーディングしました。夫から言葉の暴力を受けているこの女性から、いつまでこの我慢を続けなければならないのだろう、という苦しい気持ちが伝わってきました。この女性は「これは前世で夫をいじめたから？」と、悩んでいらっしゃいました。

僕のリーディングによると、我慢の限界はあと2年。ただし、我慢を重ねてもよい結果にはならない。この間に怒り、愚痴といった想念がたまり、ストレスとなり、体調を崩しかねないことも予測できました。

霊的な能力で、夫婦の関係を解決してもらおうと「丸投げ」する前には、自分の理性でもって、夫との関係を見直すことが先決です。

「この人は本当に自分にふさわしいのだろうか」と改めて自分で、ふたりの関係や相性を考えることが必要です。

また、人間には第六感というありがたい能力がありますから、やがては破綻をきたす関係なのか、それとも、人間的には善い人だから今は少し辛抱してみようか、などという方向性は、なんとなくでもわかると思います。

未来への方向が決まり、背中を押してもらいたい時には、スピリチュアル・カウンセラーの能力を利用するのはとても有効な方法だと思います。

誰でも、大なり小なり依存心があると思います。それもホドホドならば、人生の隠し味みたいなものですから、よいのではないかと思います。

でも、依存心が度を過ぎると抑圧になります。つまり自ら、自分の意思、可能性、心にたいして、手枷、足枷をしてしまうのです。

この状態を説明すると、依存心と言う感情は、体内のペプチドの分泌を過度に促し、いつしかペプチドの受容体であるオピオイドが、あふれ出たペプチドの状態を渇望するようになる、という感じです。

まあ、一度味わった美味しさは、繰り返し味わいたくなるのが人間ですからね。何事も、過ぎたるは及ばざるがごとし、です。

理性が悲鳴をあげていたら、その声をしっかりと受け止めてください。そしてその声を無駄にすることなく、気持ちのよい方向を向けるよう、人生を見直してください。

せっかくこの世に生まれてきたのです。**人生の中でどのくらい、有意義で楽しい時間を過ごせたか＝自分の価値観です。**思い存分に人生を楽しんだ人は、この世に執着を残すことなく、魂の故郷に帰ることができます。そういう人こそ「この世での成功者」って言うんだよね。

●神様にお試しコースはなし

なかなか自分の思う通りに物事が運ばない。そんな時は人々はたいてい、こう言います。

「神様はわたしをお試しになっているのだろうか？」

結論を先に言いましょう。

神様はあなたを試しません。失敗するのも成功するのも百も承知。すべてお見通しです。

とはいえ、目に見えない神様が運命を決めるのではなく、決めるのはあなた。たくさん悩んでも悩みがおさまらない場合は、そのことを、ちょっと置いて、ほかの集中できることに没頭してみてください。

実はこの「悩む気持ち」こそ、クセモノ。皮肉なもので悩めば悩む気持ちほど、叶えたい物事の成就を遅くさせてしまうといった性質を持っているのです。

これは、何か探しものをしている時や異性との駆け引きにたとえると、わかりやすいでしょう。

焦って、必死になっている時は、どういうわけか、すぐには結果が出ない。そんな経験はありませんか？　けれども、ひとまず求めることを休み、ほかのことに集中していたら、どういうわけか成就していた……ってことはないでしょうか。

そこには、お試しなんかなく、神の働きを受け入れた結果があるだけ。何かほかのことに熱中している間に、ひょっこりと物事は整い、与えられるべきものは与えられるのが、神の摂理なのです。

ネパールの首都カトマンドゥの丘に建つスワヤンブナート(通称=目玉寺)をご存知でしょうか。

ストゥーパ(仏塔)には、4つの面すべてに眼が描かれ、額の間には第3の眼もあります。この眼は「なにものも超越し、物事の奥の奥まで、すべてお見通しだぞ」という意味。およそ2000年前の建造物ですが、すでにその頃から神仏は人間の心をすべてお見通しであったのです。その真理に、畏敬の念を感じずにはいられません。

これまでどんなふうに生きてきたか、そしてこれからどんなふうに生きるか。その生き方は、あなた自身に正確にかえってきます。今、素晴らしいと思える人生を歩んでいる人は、過去の生き方が反映されていることに感謝しましょう。

もし、人生がいまひとつだな、と思うなら、過去を振り返ってみましょう。それを否定することなく、忘れたい出来事があったとしても、その経験が自分には「必要」だったということに理解を深めてみましょう。しばらくすると、生かされていることに感謝する心が湧きあがると思います。

神様は過去のあなたをすべて見ていらっしゃいました。そして、現在のあなたが行っていること、そして心の内側の一語一句までも聞き逃すことなく、すべてお見通しです。

●お化けもどきとお化け

ときおり電車に乗ると、いるんですねぇ。お化けもどきが。皆さんも経験ありませんか？混んでいる車両なのに、一つだけポコッと誰も座らない空席を見たことが。

それはほとんど「お化けもどき」の仕業です。

車内で、なぜか「なんとなく座りたくない」と直感するのは、人間の第六感がそうさせるわけで。自分の感性に無頓着な人が「空いているから座っちゃえ！」と座ったら（この場合、お化けもどきと波長が合うケースが多い）、調子が悪くなることがあります。

お化けもどきとは、厳密にいえば残留思念。かつて生きていた人間のオーラのかけらと言ってもよいでしょう。もともとは人間だった人の執着が思念となり、その場に留まってしまうのです。


霊には2種類あります。それは、成仏した霊と未成仏の霊です。

成仏した霊は、この世に未練を残さず、執着のない状態。未成仏の霊は、未練があり、死人のかたちをとって、あらわれることがあります。

浄霊を依頼されることがありますが、霊障を引き起こしているのは、お化けもどきや未成仏霊、そして後で書きますが、生霊である場合がほとんど。


リーディングをした人の中で、祖母、母、自分と、三代続いて喘息もちの家系の人がいました。霊視すると、身内の中で「水の事故」で他界した人が地縛霊となり、呼吸のできない苦しさを訴えてきました。この霊には「神仏の許し」をお願いして、実在界に帰してあげることが先決でした。

霊的なトラブルと思われる事件が起こった場合、有効な方法は霊能者による浄霊や先祖供養。お寺に先祖供養を依頼する時は、霊的能力を正しく使えるお坊さんならいうことはありませんが、お寺の規模などで判断せずに、人柄で選んでいただきたいと思います。

さて、本当の先祖供養の方法をお教えしましょう。

それは、お線香を三角形に描くようにまっすぐに3本立てて、毎日仏壇を拝むといった、形式的なことではありません。

先祖霊の一番の好物は、子孫が毎日笑顔を見せて、楽しんで生きること。

きっぱりいいますが、これはどの霊も例外がありません。皆、子孫の幸せを願っているのです。このことを意識して毎日を生きてください。そして、生きていられることを感謝してください。これが一番の供養ですから。

なお、仏壇の拝み方は、特別な方法はありません。その家に伝わっている作法を続けてください。

●生霊は手ごわい

憑依する霊のなかで一番手ごわいのが、生霊です。まさしく読んで字のごとく生きている人間の霊（念）です。

生霊というのは、ある人が自分の強い念を、思う相手に知らず知らずのうちに、送ってしまう現象です。

これはタチがよろしくなく、いったん送ってしまうと、相手は憑依を受けてしまいます。さらにタチがよろしくないのは、送った人がもうすでに相手を怨んでいなくても、送った時の念は生きていること。

念を送られた人のオーラがバリアになって、生霊をはね返すことも可能です。返された生霊は、送った人に返ります。「人を呪わば穴二つ」というのはこのことを言います。

しかし、人間は誰でも多かれ少なかれ生霊の影響を受けているものです。誰かに自分の人生を左右される傾向のある人は、人の「負」のエネルギーを進んで受け取っているようなものですから、要注意ですよ！

生霊の念を受けてしまった人は疲労、頭痛、思考能力の低下、発熱をはじめ、マイナス思考から抜け出せない、対人関係のトラブルといった、悩みが生じるようです。

霊視すると、生霊の念は相手のオーラの表層にくっついている状態で見えます。生霊を飛ばしている本人は、身体からコードを伸ばして、念を繋いでいます。たとえると、紐をつけた風船を空中にユラユラさせながら歩く、あんな状態です。

生霊とは、人間の感情が憎悪の沸点に達したものなんじゃないかな。嫉《ねた》みという感情がそうさせるんです。これは親しい仲の人だからこそ、湧きあがる感情なので、赤の他人ではなく、身内や友人関係、恋人関係という親しい間柄で起こるケースが多いです。

●生霊に身体を受け渡した体験

霊能者にとって、生霊がやっかいなのは、憑かれた人の相談を受けることで、憑依されてしまうことがあるからなんです。

一度だけ、ものすごい念のこもった男性の生霊をわざと、僕に憑かせて実験したことがあります。

港区を車で運転していた僕は、生霊に身を預けてみました。つまり、肉体をあけわたしてしまった状態です。運転中、だんだん、気分が重くなり、身体がだるくなってきました。気がつくと、江戸川区葛西を走っていました。うっすら覚えているのは、高速道路を利用しなかったことだけ。

おそらく、葛西はこの男性が行きたかった場所だったのでしょう。

生霊を作り出した人さえ気づかないうちに、憑依する手ごわさ。しかも、憑依された相手が苦しんでいても、生霊を送った本人は、すでにその相手に執着がなくなっているケースも多い。本当にタチ悪いね……。

軽い憑依だったら、誰かに肩を叩いてもらったり、純度の高いローズウォーターを自分の周囲にふりまくことでとれます。

もし、かなり念のこもった生霊であれば、ちゃんとお祓いのできる方にお願いするのもよいでしょう。

生霊とお付き合いしないためには、まず、自分の人生を愛して楽しむこと。相手を思いやる気持ちをいつも持ち続けること。誤解されても、相手とちゃんと向き合って誤解を解く努力をすること。

こんなふうに人と大切につき合う気持ちが、生霊を寄せつけない秘訣です。

人生の大きな目的の一つに、自分を理解することがあげられます。それは常日頃から、自分の自身の物の考え方、趣味、嗜好、癖、などを知っておくということ。

ただし、言葉ほど簡単ではありません。

本当の自分を知るには往々にして、自分が嫌だな、苦手だなと思っていることが、その入り口になります。カウチポテトではなく、嵐の中に自ら出て行く勇気を持たなくては、本当の自分は見つかりません。

そして、本当の自分がおぼろげながらでもわかった時、それが魔から自分を守る最高の手段になるのです。
つまり「これって、俺らしくないよな」とか「私、こんなの趣味じゃなかったんだけど」と感じた時は、必ず魔が忍び寄ってきているというわけです。「何か変だな」と感じたら要注意です。

●オーラは体・知・磁の結合

よく、オーラが輝いているとか、何色とかいいます。最近、見た人の中では、最近、映画監督デビューを果たした若手俳優O君のオーラが、金色に輝いていました。金色はスピリチュアルなことにも造詣が深く、自分のやりたいことを懸命に取り組む、芸術家肌の人に多く見られる色です。

僕は時々、霊能力開発講座を開催するのですが、この講座に参加すると毎回、何人かはオーラが見えるようになります。もともとオーラは誰にでも見えるものなので、訓練すれば見ることができます。

ヒーリングなど、エネルギーワークをする人はオーラを見ることによって、クライアントの肉体と意識の状態がわかるようになるでしょう。

オーラとは、体力、知力、磁力を総合したもの。人間を9つの層で覆い、それぞれ明確に色が違うわけではなく、グラデーションになっています。大きさも色も瞬時に変化します。ただ、健康状態が思わしくないと、よどんだ色になるのが特徴です。よく「オーラの強い人」と言われる人がいると思いますが、そんな人は体の外にオーラが大きく伸びています。また、人間だけではなく、動物も植物も生命のあるものはすべてオーラを発しています。オーラは死んでもこの世に残るエネルギー。前述したお化けもどきの残留思念の正体も、オーラです。

オーラは肉体だけではなく、文字にも見られます。僕の場合、名前のオーラを見るだけで、その人の心身や過去、未来の状態がわかります。これは日本語のみならず、読み方さえ知らない、世界のどの言葉で書かれても、わかります。

たとえば、ＨＩＶ感染者。エイズを発症していても、していなくても、名前からトゲのようなオーラが見え、層がないのが、共通しています。

ＨＩＶ感染は世界的に深刻な問題です。ウイルスを撲滅させる治療法がなく、感染していても気がつかないケースが非常に多いのですから。２００９年の時点で、世界では新規感染者は減っているようですが、日本では感染者数は増えており、累積感染者数は1万３０００人を超えました。実際には、検査を受けることなく、自分では気がつかないうちに、ウイルスを潜伏させている人もいるかもしれないから、この数字を上回っているでしょう。

しかし、4、5年後にはエイズウイルスの治療薬が世界に出回るのではないでしょうか。今でも開発はかなり進んでおり、２０１２、3年頃にはどこかの国で治験が行われると、僕は思っています。

●オーラの構成

第1層　ものの考え方、嗜好、肉体的コンディションをあらわしています。

オーラの層

※オーラの第1、2層はどの人の場合でもくっきり見える。
※オーラの層は個人によって、層の厚みが異なる。

第2層　今現在の感情をあらわしています。
第3層　肉体的なコンディション、感情の変化をあらわしています。過去の記憶もこの部分にあらわれます。
第4層　第1から第3層までのオーラが混ざり合った状態。総合的な近未来が予測できます。
第5層　近未来の肉体的コンディションだけをあらわしています。
第6層　心の奥底に眠っている感情をあらわしています。この層はスピリチュアルな存在に繋がっています。
第7層　信念、魂のレベル、高次の存在との縁をあらわしています。
第8層・9層は　あまりにも希薄で、普通は感知することができません。個人で大きく異なり、無色の人もいます。

●バチモン霊能者には気をつけろ！

霊能力を開発するということは、動物霊、地縛霊、宗教霊が憑依する可能性もあるから、危険性を伴います。危険とは「破滅の一途をたどる」という意味も含んでいます。
邪霊が憑いている霊能者は霊視して、ある程度のことは言い当てることができます。けれど、そんな邪霊に支配されている霊能者が、読経や過酷な肉体行を繰り返し行っても、本物の霊能力は開きません。

僕のところには、色々な宗教の信者さんが、相談にみえます。その中で一番多い質問が「教祖様は本物ですか？　迷える人々を幸せに導いてくれる力を持っていますか？」というもの。たいてい僕は「教祖様は、どんな人にも分け隔てなく親切にしてくれますか？　いたずらに教義や戒律にとらわれることなく、いつも、愛と慈しみの心で人々の役に立つような行動をしていますか？　信者さんの失敗や落ち度に目くじらを立てることのない、広い心を持っていますか？」と問います。そして、その答えが「いずれもＹＥＳならば、本物の教祖様です」と言います。

実際には、９割ぐらいの信者さんが考えこんでしまいます。その姿を見ていて、あまりに気の毒な時は「教祖様はディスカバリーチャンネルを見ていますか？」なーんて、オヤジギャグをかましますが（笑）。

僕自身は、何を信仰しているかなど、あまり意味のあることだとは、思っていません。それよりも、日常生活をどのように生きるかの方が大切です。

自他共栄を基本に、いかに人生を有意義に楽しく生きるか、こっちの方がよほど真理に近い生き方です。

ある教祖様を霊視すると、霊能力があるように周囲に思わせているだけの、バチモン（偽者）でした。

邪霊に憑依されている教祖は、カルト的な力を信者に見せつけることはできるでしょう。しかし、正しい心を持っていないので、信者を脅迫し、資産を奪い、家庭を崩壊させ、人生を狂わせます。実は、その本人も加速して破滅の道へ進む一方ですが。

●ニセモノの霊能力者を見分ける方法

本物の宗教者、そして霊能者を見分ける時のポイントは「脅迫」されるかどうか。水子が崇るというような話をして、金銭を要求するような人はニセモノです。

なぜなら。**水子に崇ることなど出来ないからです。**

これは実際に僕が霊視したことです。

妊娠した母親が何らかの事情で堕胎しても、魂はまた母のお腹に戻り、実は10月10日の間、胎内に居続けます。そして霊的な出産を経て、あの世に帰っていくのです。

赤ん坊といえども、魂は大人です。生まれることのできなかった、けれど血を分けた魂が、親兄弟を恨み、崇るということはありえません。

あの世で生きていた時以上に、溌剌としていて、この世に生きている愛する人たちの力になろうとして、頑張っている霊もいるのです。

それは、死んでみて、初めて命の輝き、美しさ、尊さに気がついて、愛する人たちと一緒にいたいと強く思うからです。(そんな霊と現世の人達の橋渡しをするのも、霊能者の大切な役目だと思うのです)

ところが、ご先祖様が怒っているから、祟りがある。墓相が悪いから成仏できずに迷っている、水子の霊が祟っている、なんて無茶苦茶なことを言って相談者を脅かす霊能者がいかに多いか！

僕の知る限り、バチモン霊能者は、決っしてよい死に方はしません。

●浄霊は場数を踏んでも緊張する

あるお屋敷を浄霊する前のこと。お住まいになっている方のご親族のお話によると、出没する未成仏霊、地縛霊、妖怪の類の起こす現象は、すでにイタズラの次元を超え、人間に害を加える状況になっているようでした。

そこである日、久しぶりに深い瞑想状態になり、そのお屋敷を霊査（自分の意識だけを現場に送りこみ、霊に気がつかれないうちにアレコレ調べる）をしました。

わかったことは、中心となる女性の未成仏霊が1体、あとはその波動に引き寄せられた浮遊霊、動物霊が集合していたこと。

なかなか、侮れない相手ではありましたが、霊の苦しみを取り除き、説得し、悟らせ、成仏させるために、神仏のご加護、守護霊、指導霊の力を借りました。

また、浄霊をしていると、モノにも意志があることがわかります。

群馬県にあるお屋敷の浄霊をしていると、家が語りかけてきました。

「これからどうなっちゃうの？」と。

僕は「この家を清めて、持ち主にちゃんと住まいを整えるよう伝えてあげるからね」と、この家に言い聞かせました。

この仕事をしていると、自分の身の回りのものにも意識があるのだな、ということを実感する機会がたびたび訪れます。

しかし、浄霊、除霊は何度やっても緊張するものです。場数を踏んだからといって、慣れることはありません。

●病気は素直な心が癒す

神癒、神の愛、御心によって病の苦しみから解放されることを僕は信じます。そして神癒には、前触れがあることも、体験からわかっています。

たとえば、光の雨が降ってきて、病気の痛み苦しみが消えた、えもいわれぬ芳香に包まれ、その瞬間に病気の恐怖から解放されて、病気も消えていた、などなど。

たしかに、科学では証明できない現象かもしれませんが、クライアントさんによって異なるＴＰＯ（Time＝時、Place＝場所、Occasion＝場合）で神癒を度々体験してくると、そこには人智を超えた「法則」があることがわかります。

ある日、お土産に頂いた「ルルドの泉」の水の入った聖母マリア像が、突然、棚から落ちて粉々になったことがあります。その時、このお土産をくださった方の病気、ガンが跡形もなく消えていた……。それは後から検証したことですが、こういったこともわかりやすい「前触れ」の一つです。

神癒で肝心なのは、「素直に受け止める」ことなのではないでしょうか。そうすると、同じ病を患うことも、ぶり返すことも、ないのです。

何事につけても、素直が一番だと思います。

●霊能者やスピリチュアル・ワーカーを目指す人に一言

よく、若い霊能者やスピリチュアル・ワーカーにアレコレ質問されることが多いので、僕がアドバイスするのもおこがましい限りなのですが、語らせていただきます。

まず、テレビや映画、雑誌、本など、マスコミに露出が多い人たちと自分を比べない方がよいと思います。マスコミに露出の多い人達と、共通点を見つけたくなる気持ちはよくわかりますが、たとえ2つ、3つ似ているところがあったとしても、それは企画で作られたものかもしれないし、大げさに脚色されたものかもしれないからです。

むしろ、そのような場合が多いはずですから、その作られた部分に似ているからと言って喜んでいると、自分自身の個性、独自な能力の発達を妨げてしまいます。

平たく言えば、霊能者がいつも「それらしい和服や作務衣」を着ていて、派手な数珠を持っているわけではないからです。色々な職種の霊能者がいて当たり前ですから、スーツを着ていたり、制服を着ていたり、短パンTシャツだったり、一見「それらしく見えない」人たちの方が多いのです。

僕の能力は、服装も含めてTPOが整わなければ発揮できないモノではありません。ましてや第三者の意図によって脚色されて、不特定多数の人に伝わるのはまっぴらゴメンですから。まずは、自分らしくあれ、ということです。

霊能力も一種の能力である以上、それを活用する本人はもとより、関わった人たちが幸せになるものでないといけないと思います。

つまり、宇宙の果てに何があるのか？　アガスティアの葉（インドの聖者・アガスティアによる個人の運命に対する予言を記す葉）に書いてある内容が本当なのか？など、高《こう》邁《まい》な謎を解くよりも、今日も1日、家族や友人が、そして自分が、楽しく安全に有意義に生きるために活用するべきものなのです。

また、霊能力＝特別なモノ、選ばれた人だけのモノと思われがちですが、そんなことはありません。たいしたことのない霊能者ほど「選ばれた」「特別な」とか「何々の神のご宣託」などと吹聴します。しかし、霊能力は本来、誰もが生まれながらにして持っています。ただ覚醒しやすい、覚醒しがたいといった個人差があるだけです。

もし、あなたが霊能者やスピリチュアル・ワーカーであれば、論より証拠を積み重ねてください。これからこの仕事を目指す人は、信頼できる霊能者を訪ね、霊能力を高める方法を相談し、そのアドバイスを検証することです。僕も30人もの霊能者を訪ね歩きました。（そのうち、本物だと思えたのは2人だけでした）

この時、大切なのは相手の人間性をちゃんと見てほしいこと。「能ある鷹は爪を隠す」。これはどの業界でも通じます。

そして覚悟と情熱をもって、その仕事を全うしてください。

そしてもし、本書を読んでくださっているあなたが、霊能者といわれる人のパートナーであれば、相手のことをわかってあげようと無理をしないこと。相手には霊が見えるけれど、自分には見えない。それが当たり前なのです。

また、霊能者は何でもわかり、危険を回避できる……。なんてことは、決してありません。たとえば、一緒に海外へ旅に出て、不幸にもボッタクリにあったとしましょう。ふたりとも初めての海外旅行です。こんな時、「どうして前もって霊能力で察知してくれないの?」などと、相手を責めてはいけません。

いくら霊的な能力が生まれつき備わっていたとしても、海外で「ボッタくられる」という経験をしていないと、霊能力なんて働きませんから。霊能者も普通の人間なのです。

そんな時は、よい経験になったね、と慰めてあげましょう。

第4章

スピリチュアルで心の下づくり

スピリチュアルを生活にとりいれて
気持ちよく生きるには？
その法則やヒント、サインなどを紹介。

清貧から清富を目指して。本音はね。

（小松賢次）

●自然体で生きるコツ

どんな人でも自然体で生きるほど楽なことはありません。もともと、人間は自然界に存在するのだから「自然」に戻ればよいだけ。

この自然体になる方法は、実はかなり簡単にできます。周囲から「こういう風に見られたい、見てほしい」という自意識の気持ちをなくしていけばいいのです。すぐにはできないという人は、意識して練習を重ねることです。

自然体で生きるとは、消極的で自己中心的な生き方の対極にある「積極的で自分自身を肯定した生き方」。つまり、自分が自分をどのように思うのか？を大切にする生き方とも言えます。そして、自分の心に嘘をつかない、良心の声に耳を傾けるという姿勢。

僕の場合、自信をもって言えるのは、自分の胃袋には１００％耳を傾けて生きていることですけどね。

●心の器を大きくする方法

よく、いろいろな人から「心の器を大きくするのはどうすればよいのでしょうか?」と質問されます。これは「心を鍛える方法」とも言えますね。

具体的な方法をお伝えします。

それは、気がついたこと、依頼されたこと、やらなくてはならないことなどを、サッサとやってしまう「習慣」を身につけることです。

つまり、絶対に先延ばししたり「そのうちやる」「切羽詰ったらやる」ではダメなのです。

「そのうちなんとか」を「今のうちにサッサと」に。

「全部まとめて」を「今からちょっとずつ」に。

「誰かに」ではなく「自分」で。

そんな習慣を身につけましょう。

あなたの周囲の成功者といわれる人たちを観察してみてください。成功者は物事のジャッジが速く、メールの返信も速いはずですよ。

●直感とインスピレーションは霊的なガセネタであることも

人間の意識には、潜在意識と顕在意識があります。まず顕在意識とは、日常生活を送る上で基本となる意識で、ごく普通に使っている意識です。次に潜在意識ですが、これは本人が自覚していなくても、人生や運勢全般に大きな影響を与える意識です。

潜在意識は、本人が寝ていようが、飯を食っていようが、365日、24時間、休むことなく活動していて、常にある種の波動を外界に発信し続けています。よく「類は友を呼ぶ」と言う言葉を耳にしますが、この現象は、潜在意識の波動が似通った者同士が引き合うことであり、また、閃き、導き、インスピレーションなどの精神活動も、本人の潜在意識が似通った波動をキャッチするのです。

当然、人間性、精神的な成熟度が高い人の波動は、周波数が違いますのでキャッチできません。だからすべての直感、インスピレーションなどを信じて鵜呑みにするのは危険。ほとんどの場合、悪霊や地縛霊が本人が喜ぶようなガセネタを飛ばしています。

インスピレーションをむやみに信じて、一喜一憂することなく、手堅く自分の目で確かめて行動することが大切です。

●備えよ、常に！

身の回りの整理整頓。風水で開運を目論む前に、必要でないものを捨て、部屋をきれいに片付けておくことは自明の理ですね。

しかも、ここしばらくは、地震や災害に備えなくてはなりませんから、いざという時にサバイバルするためにも、身の回りを整理して、持ち出すものをキチンと用意しておくことが肝心です。

僕のところには自営業の人もよく相談に来られます。仕事相手と金銭面でもめているという話をうかがうたび、スピリチュアル以前の問題なのでは？と、思うことがありますね。

仕事にとりかかる前に細かい契約内容と報酬を記入して契約書を交わしていれば、こんなにもめることはなかったのになぁと、思ってしまうのです。

契約書を交わすのは何も法人だけではありません。個人で仕事をしている人も企業と契約を文書で交わして、後々のトラブルを回避するよう心がけるべきです。

今は、ごついオヤジとなった僕にも、紅顔の美少年だった頃がありまして、そんな時分には、ボーイスカウトの一員でした。所属は東京第5団。そのボーイスカウトの標語が「備えよ、常に！」でした。

僕は現在に至るまで、このワンフレーズだけを肝に銘じて生きてきた、といっても過言ではありません。

つまり、整理整頓も仕事も「備えよ、常に」が原点。地震、雷、火事、オヤジ。オヤジ以外は怖いものばかりですが、何事につけ、いきあたりばったりな「時の流れに身を任せ」的に生きるのではなく、前に進む努力を惜しまなければ、それ相応のポジションに立てます。

●心の影を踏まない方法

人生、至るところに青山《せいざん》あり。山あり、谷あり、日蔭あり、迷えば、マサカの下り坂。

なぜか人間は、楽しいことや成功体験よりも、苦しかったことや失敗体験を引きずって生きてしまう性質があります。

つまり、心の日向よりも、心の影を踏んでいることが多いのです。冷静に考えれば、心の影とは、自分で作り出した幻影に過ぎないのですが、一度、影を踏んでしまうと、肝心要の生かされている感謝の気持ちすら、忘れてしまうのです。

僕も過去には何度も、心の影を踏んだ経験がありますが、今はもう踏みません！　金輪《こんりん》際《ざい》、踏まないと心に誓いましたから。ナンテ書くと、すごく大げさに思えますが、実は簡単に、影を踏まなくなる方法があるのです。

それは、その日一日、どんなことがあったとしても、寝る前に「今日も一日、素晴らしい日をありがとうございました！」と感謝の祈りを捧げること。これを根気良く毎日続けていると、自然に安定した日々を過ごせるようになります。これは効果テキメンです。神様は、試せば失敗するとわかっている人を、意地悪く試したりはしませんからね。

●一歩踏み込む勇気を持つ

何事につけても、アレコレ取り越し苦労したり、考えすぎる人。こんな人は本来、出会うべきチャンス、幸運を自ら拒否してしまっています。

人生において何かをしようとする時、動機に客観的な正しさ、自分なりに正しいと思える理由があるならば、躊躇せずに一歩踏み込む勇気を持たなくてはなりません。それで、思い通りの結果が出れば万々歳ですし、たとえ思わしくない結果が出たとしても、諦めなければ必ず新たな道が示されます。

そんなことを言われても、自分はもう取り返しがつかない状況なんだ、と嘆くあなた。安心してください。

人生は充分、取り返しのつくことが多いのです。

それは一見、失敗と思える結果が、後々、想像もできない幸運に繋がることもしばしばあり、むしろ失敗してよかったね、と思えることがあるからです。

僕も倒産、離婚を経験しました。ポケットには全財産が5円玉1枚しか入っていなかったこともあります。けれど、それを乗り越えてきました。

人間は、そのような体験をして初めて、自分は護《まも》られている、導かれているということに気がつくのです。

肝心なのは、一歩踏みだす勇気。他人はその人の価値観で好き勝手なことをいうもの。これは知っておいた方がよいです。

外野の無責任な言葉や、悲観論者の言葉に惑わされてはなりません。人生の主人公は自分自身ですから。

なお、金運を上げたい時に、僕がよく行くのは箱根神社（神奈川県足柄郡箱根町）。神社の境内にある「打出の小槌」を自分の財布でスリスリすると決まって、近いうちにお金が入ってきます。そして、財布に入れるお札の扱い方に気をつけます。お札をちゃんと揃えて、描かれた人物像が逆さ（下向き）になるように整え、納めるのです。こうして、財布をお宿にして、入ってきたお金を大切なお客さんのように扱うのです。

また、どんな願いでも叶えてくれるのが皆神《みなかみ》神社（長野県長野市松代町）。ここは、物事をスピーディーに解決してくれるのが特徴です。僕は、特に子宝を望むお客さんにこの神社への参拝をおすすめするのですが、かなりの確率で成就します。「皆の神様」という意味のある神社だから、人間の叶えたい願いを何でも聞き入れてくれるのかもしれませんね。

●霊的な能力をグングン高める方法

僕は、霊能力を実生活で役立てたいと思っています。だから、僕と同じような能力を皆が使えたら楽しいだろうな、という気持ちから時折、セミナーも行っています。浄霊の出来る本物の霊能者が増えたらいいなと考えているのです。

少し前にアラナイ（アラウンドナインティー！）のお客様がいらっしゃいました。とても80代には見えないほど、若々しい方でした。僕のことを女性週刊誌の特集で知り、どうしても会いたくなっていらしたそうなのです。この方はスピリチュアルな事象の研究歴が60年以上という大ベテラン。僕が生まれる前から古今東西の心霊現象に関するあらゆる本を読み、知らないことはない！というのが御自慢のようでした。

ただ残念なことに、霊感以上のレベル、即ち霊能力をお持ちになっていないようでした。そしてその霊能力こそが、この方が長年渇望し続けていて、手に入れたいものでした。滝行、座禅、瞑想など、肉体行で霊能力を覚醒させることは可能です。ただし、運良く覚醒させることが出来た霊能力も、同じような肉体行を繰り返すだけでは、タカが知れているといわざるをえません。

では、グングン霊能力を高めることができる方法とは？　その答えは、日常生活において寛容、寛大、同情、奉仕、親切、そして愛を実践すること。これらを心がけて実行していれば、自動的に霊能力は高みに達します。

逆に、利己主義、欺瞞《ぎまん》、不親切、不寛容、極端な自己保存の心は、自動的に霊能力が下がるばかりではなく、動物霊、自縛霊などに憑依するスキを与えることになります。

現に、僕の周りにも、そのような哀れな霊能者が何人もいます。そして、そのような霊能者に鑑定してもらった人たちも、お気の毒ですが、幸せになることはないでしょう。

霊能力を高めるのに、ごまかしは効きません。偶然もありません。それが、自然の摂理なのです。たとえ霊能力が覚醒していなくても、日ごろから、寛容、寛大、同情、奉仕、親切そして愛を忘れずに生活していれば、間違いなく幸せになれると思います。

●「人がよい」といわれる人ほど悩みが尽きない理由

この世で最も深い満足感をえられる物事の一つは、自分は今、人生で最も天分に適したところにいるということを知ることです。そしてそれを知る早道は、直感の命じることに耳を傾けることなのですが、これがけっこう難しい。なぜ、難しいのか？　理由はいくつかありますが、その中でもウェイトの大きいのが「欲」です。

ただ、欲にもいろいろあり、自我欲、利他欲、自分以外の人を幸福にしたいという欲があります。しかも実際には、それらの欲が複雑に絡み合って、いっそう難しくしている。

僕も時々、自分の直感＝守護霊の導きに、戸惑ってしまうことがあります。それは「導きなのはわかるけど、でもな、これを見ないふりしたら、人としてどうなんだろう？」と色々考えこんでしまい、決断が難しくなるのです。人がよいと評される人ほど、悩みが深いのには、こんなところに理由があるのかもしれません。

そんな時、迷いを晴らすのは、現在の状態に感謝の気持ちを持つことです。

●一流を目指すなら、模倣から

何事も真剣に真似をしていれば、できるようになるものです。美術の大家と言われる人は最初からオリジナルの世界を持っていたわけではなく、模写からはじめています。

小説家も同じ。最初から書こうと思って小説が書けるわけではありません。文章修行のために、好きな作家の作品を何度も書き写して、あるいは音読して、徹底的に作品を勉強します。

つまり、一流は何事も模倣《もほう》からはじまります。

これは、世の中のたいていのことに共通する法則です。僕は20代の頃、某水産会社のサラリーマンをしていたことがありました。今の僕からは想像できないかも知れませんが、営業部で電話の応対をさせたら「ピカイチ、完璧、右に出るものはいない」と、絶賛されていた時代があります。

最初は受話器をとるのも緊張するほど、ヒドイものでしたが、ある日、何気なく先輩社員の電話の応対を聞いているうちに、「そうだ、これを真似すりゃいいじゃん!」と思いつき、その瞬間から恐るべき集中力を発揮し、真似をはじめたのです。ま、集中力と言っても僕の場合は1回につき3分ほどしか続かないのですが。

それでも1カ月後には、課長や部長にも誉められて、さらには入社式で一度会っただけの社長にも誉められました。その時に学んだことは、真剣に真似をしてやればできるようになる、ということ。

この法則は娘に伝えたい人生の真髄の一つでもあります。

●「念で引き寄せること」と「引き寄せの法則」は違う

「引き寄せの法則」についての本が、バカ売れしているようです。確かに引き寄せの法則は存在しますが、念力が強ければ大方のモノ、人は集まってきます。

富や財産も集まるかもしれません。でもそれだけです。念力で集めたものは、しょせん、あぶく銭ですから、人であれ、モノであれ、お金であれ、身にはつきません。なぜなら、念力の根底にあるのは、程度の差こそあれ、自我我欲、自分さえよければ他人はどうでもよい、という自己保存の心に他ならないからです。もっともっと欲しくなって苦しくなります。

ところが、本当の「引き寄せの法則」で集めたものは、理にかなっています。わかりやすくいえば、神様に祝福されて実現したものなのです。

当然、その実現に関わった人は、祝福を受けるから幸せです。

たとえば「引き寄せの法則」で、アメリカの大統領と握手をした田舎の高校生が、後に自分自身もアメリカ大統領になっています。（クリントン元米大統領は、16歳の時にアーカンソー州の代表として、当時の大統領だったジョン・F・ケネディとホワイトハウスで握手をした経験がある）

つまり、本当の「引き寄せの法則」にそった現象は、その後の人生を大好転させるのです。有名な映画俳優に会おうが、政治家に会おうが、それが念力で引き寄せたものである限り、その後の人生によい影響などありません。その場限りの自己満足です。

忘れてはならないのは、人生はその場限りではないこと。引き寄せたその後が問題です。

●願いは体内を巡って成就する

「引き寄せの法則」に関する書籍やＤＶＤでは、「既に得たりと信ぜよ、完了形で考える」というメソッドを紹介しています。これがどうにも難しい、シックリとこないとお嘆きのあなたに申し上げたいことがあります。それは、「夢や願望を楽しく思い描くことができたら、充分」ってこと。

そうすれば、体内からあふれ出たシータ波と地球を取り巻く高度な波動の領域とガッチリ繋がって、いずれ願う現実が目の前にあらわれるのです。まずは、簡単なことから初めて、小さな成功体験をいくつも積み重ねることです。

この手の本にはほとんど書かれていないと思うのですが、**願望は想念となり、血液に入り込み、血液を通して体内を循環します。こうなってほしいという願いをリアルに思い描くと、心臓がバクバクしてきませんか？　それは夢（その人にとってのプロジェクト）が、血となって体内に循環しているしるしなのです。**

当然ですが、夢や願望はリアルなほどよいわけです。それから万人にいえることですが、この世に生を受けた最大の目的は、自分の価値観を人生において具体的に形にすることです。当然、それは楽しくしてワクワクします。人はこれを「至福」とよぶのです。

●神様のお好きな人間の祈りとは

祈りとはエネルギーであり、波動でもあります。そして、祈りにはその内容に見合った解答が与えられます。ただ、それは必ずしも自分が望んでいた形ではなく、その時点の霊的成長に見合ったものが与えられます。

いいかえると、人生は自分の表面意識が待ち望んでいた方向ではなく、自分の霊性が十分に発揮されるように、潜在意識が待ち望んでいた方向に、否応なく導かれることもある、ということです。

僕自身、霊能者という生き方は、僕の表面意識が望んでいたこととは遠くかけ離れていますから、子供の頃から何で俺が！という反抗心でいっぱいでした。けれど今は、これもまたよし、という気持ちで毎日生きています。

現在、霊能者、ヒーラー、企業のコンサルタントをしていますが、いずれ、霊的成長に見合った、新たな道が開かれるのではないかと思います。

誰でも、自分と関わりの深い人、愛する人、愛してくれる人、あるいは家族や親友のためには、ごくごく自然に祈ると思います。そんな当たり前にできる祈りに比べて、自分に害を及ぼす人、敵対している人の為に祈ることができる人は、少ないと思います。

でも、そんな祈りこそが、神様の大好物なのです。祈りの本質とは、神様との対話ですから、人間側からの一方的なお願いだけでは、対話として成り立ちません。ちゃんと神様からのお願いにも耳を傾け、素直に実行して、初めて信じて頼る関係が成り立ちます。

そんなよい関係が保たれている時にこそ、祈りの効用を実感できるのです。世の中には、いくら祈っても神様は聞いてくれない、夢や願望が実現しないと、嘆いている人が大勢いると思いますが、まずは神様とのよい関係—お互いを信じて頼る—を築くことです。

●あの世の人の想いを知るサインと方法

普通の人は、霊視ができないので、亡くなった人が今でもそばにいることをなかなか理解できません。けれど、霊界の方からはアレコレ工夫を凝らし「いつでもそばにいるよ！」というサインを送り続けています。

そのサインの見つけ方こそ、なかなか意味深いことで、霊能者をしていてよかったと感じる、数少ないことの一つなのです。

たとえば、街中を歩いていて、故人が好きだった曲がどこからか聞こえてくるのは「一緒に外出しているよ」というサイン。急に故人が好きだった食べ物や飲み物が欲しくなったら「近くにいるよ」というサインです。

皆さんの中にも、家族や友人を亡くされた方がいらっしゃると思いますが、亡くなった方からのサインについて、ちょっと想い巡らしてみてください。これかな?と思い当たることはありませんか。サインを探すのも、大切な供養だと思います。

霊能者として、親兄弟、伴侶、親友など、愛する人達を失った悲しみを乗り越えようとする人のお手伝いが出来るのは、本望であり、深い喜びでもあるのです。

時に、あの世の人から、こちら側にいる人達に伝えて欲しいとメッセージを託されます。

その内容のほとんどが、生前の行い、想いにたいする反省であり、あの世から見守っている、という伝言です。たとえば、子どもを残して他界した親の霊は「生きている時、もっと子どもと一緒にいればよかった、だから、力＝愛の及ぶ限り、あの世から子どもの面倒を見よう」と伝えてきます。伴侶の霊、親よりも早く逝った子どもの霊の場合も、ほぼ同じです。

ですから、**この世の人たちは、自分が熱烈に愛され、どんな時も見守られていることを知らなくてはなりません。今、この瞬間にも、貴方にたいして何ができるか、あの世で考え続けている魂がいるのです。**

守護霊やご先祖様の声を聞きたいと思ったら、仰向けに寝てください。そして左手を広げて心臓の上に置いて、眼を閉じてください。だんだんと耳の奥で「その声」が聞こえてきますよ。

●記憶を浄化しよう

何で私だけがこんな目に遭うのだろう、とお嘆きのあなた。
それは過去の記憶のせいかもしれません。それが、マイナス感情の鬱結《うっけつ》として心の中に残っていると「わかっちゃいるけど、やめられない」という調子で、人生全体がマイナスの方向に傾いていくからです。なぜなら、人間の記憶は潜在意識の中に記録されるから。そして、人間の日常生活、人生全般に起こることは、潜在意識下にある記憶が、現実の世界に投影された結果であることが少なくないのです。

もちろん、プラスの記憶ならば、プラスのこと、よいことが起きるのでモースト・ウェルカムなのですが、プラスの記憶だけの人など、この世にいるわけがありません。

ならば、できるだけマイナスの記憶を浄化しましょう。その方法を紹介します。

1、チャクラの調整　それぞれのチャクラに働きかける音楽を聴きながら、ボディ・ソニックのような機械を用いて、身体に振動を与える。音叉を使ったセラピーも有効。

2、過去の記憶から目をそむけずに客観視して「それがあるから、幸せな未来がある」と、マイナスからプラスの方向へ関連づけて思うようにする。

3、自分自身を「そりゃそれで、いいじゃない」と赦す。

何だかんだいっても、家でゴロゴロと惰眠をむさぼって、マイナス感情をふくらましているだけでは幸せにはなれませんからね。

●人生は心で学ぶ

子どもの頃に聞いた歌謡曲で、守屋浩《もりやひろし》さんが歌っていた、「有り難や、有り難や、有り難や、有り難や」という歌詞の曲（有難や節）があります。なぜかこの年になっても、そこのフレーズだけをよく覚えているのですが。そこで沈思黙考してみますと、人生はありがたいことの連続だという事実がわかってきます。

つまり、人間の誕生、成長、死は「奇跡」の積み重ねで成り立っているということ。まず最初に、肉体と言う入れ物に魂が吹き込まれ、人生行路を進むわけですが、進めば進むほど、「すべてが必要、必然、最善」ばかりだという真理を学ぶのですね。

そして人生における学びとは、知識、理性ばかりではなく、心で学ばなくてはならないことも少なくありません。むしろ、心で学ぶために、神様が人間に知識と理性を与えてくださった、といってもよいかもしれません。

人生一寸先は闇、という言葉がありますが、これはすべての事象に当てはまるわけではありません。

僕は子供の頃から、何かを始める場合、ハッピーエンドに終わった状態を強く思い描いてから行動に移すと、実際にその通りになるという経験を何度もしています。

ところが、結果を思い描く前に、途中のプロセスにこだわってアレコレ思い描いた場合は、結構、失敗しています。

つまり、イエスが言われた「既に得たりと信ぜよ、然らば得るべし」を実践した場合は、人生一寸先は闇ではなくなるわけです。これは「心の法則」にそって人生行路を行けば、人は皆、神の愛と慈悲の中で生かされるということなのです。

●長生きする方法

「短気は損気」などといいます。けれど、もし長生きがしたいと思えば「怒る」ことがとても大切です。なぜなら、怒りは人生を台無しにする毒素ではなく、うれしい、悲しいと同じシンプルな感情にすぎないから。

ところが、普通の人々は、子どもの頃から、怒りはよくないものだと教わって育ってきたために、適度に発散することなく、自ら押さえつけて、なかったことにしようとするケースが多い。

怒りは正常な反応ですから、適切な状況であれば、心と体に負担をかけないばかりか、来世に繋がる潜在意識を良好な状態で維持できるのです。
経験と判断の違いを理解しないまま、人生を生きてしまうと、来世に繋がるテーマが重く、複雑なものになるばかりです。

つまり、怒りは経験されるべき人生の一部。

あーでもない、こーでもない、と過剰に分析したり、根拠を問いただしたり、自分を正当化するために取り繕うと、負担がかかるだけです。

●幸運の女神は「挫折」というコスプレが好き

「世の中、簡単に自分の想い通りにはなりません！」と、まるで合言葉のように口にする人が多いです。けれど、そこで諦めてしまったら、得るものがないどころか、マイナスで終ってしまいます。世の中には実際に、自分の想いを着々と叶えている人もいるのですから。

実は、幸運の女神はコスプレが好き。しかも「挫折」なんていう、誰も着たがらないような、というより、ドン引きする「負」のファッションが。

それゆえ「成功は挫折という逆風にのってやって来る」という法則にそって思考し、行動してみましょう。

これは、挫折の中に隠されている成功に通じるヒント、鍵が見つけられるという考え方。その考えに基づいた行動とは、見つけたヒントを具体的な形にして再挑戦するということです。

土壇場に追い込まれている人、背水の陣ギリギリの状態の人、頑張りましょう。やまぬ雨はありませんから！

必ず、幸運の女神は負のコスプレを脱ぎ、本来の輝いた笑顔を見せてくれますよ。

●心のふけ顔防止法

ある年齢になったら、顔の法令線てものを気にするようになります。少し前、日本人のヘアメイク・アーティストの女性が編み出した顔筋マッサージなるものが大ブレイクしましたね。あのマッサージは女性だけでなく、美を追求する男性の間でも評判だったようです。

ふけ顔になりたくなかったら、背中の筋肉を鍛えるのが有効なのです。それから、年齢は首の皺と手に出るといわれていますから、マッサージが有効だろうと思います。ボディーパーツには色々と、アンチエイジングのアレヤコレヤがありますね。

さて、肝心要の「心」が老けこまないようにするには、どのようにしたらよいのでしょう?

僕は数えきれないほど、多くの人のリーディングをしてきました。その体験からは、人の心に関する多くのことを学びましたし、「心の力の法則」「心の働き」については大変に貴重な発見をしました。

そこで発見した一つに、周りの人からどのように思われているか、どのように見られているのかを、気にしすぎている人たちは、実年齢に関係なく、老け込んでいます。平たくいうと、心の光を失っている人たちです。

反対に、自分の仕事や趣味について、他人がどんなふうに思っているかを気にせずに、自分自身にとってそれらがどのような意味を持っているかを考えている人は、心が輝いています。だから、自然に実年齢よりも若く見えます。キモは心の輝きを失わないということです。

自分の人生に興味を失った瞬間から、加速度的に老け込むということを知っておきましょう。

●早起きは三文以上の得「早起きのスピリチュアル定義」

朝早く起きるのが、大好きです。なぜなら、朝早く起きると、自分の意識がいろいろなことに拡散する前に点検できるからです。

朝早い時間帯、とくに午前2時から3時の間は地球がシータ波に覆われ、指導霊や支配霊がよい影響を及ぼす時間帯。スピリットは早朝に活動するのです。

この時間帯は、自分の内面の点検と軌道修正ができます。そのやり方はとてもシンプルです。まず自分の好きな物やことを二つ、三つ思い浮かべて、実際に今それを体験している状態をイメージするのです。

次に、自分がどのような反応をしているかを心のままに思い浮かべます。その反応の仕方で、今の意識の状態がおおよそ解るのです。今朝は少しさもしい、あせっている、今朝はスムースだ、など。

これがわかると後は簡単です。自分がいくべき道を再確認すればＯＫですから。これを毎日続けていると、人生の中で自分の進むべき道を大きく見失うことがありません。一度試してみてください。

さて、早寝早起きで、誰にでも優しく、ユーモアにあふれ、勤勉で正直な人が、運の悪さを嘆くのを見たことがありません。

なぜかといいますと、そんな人たちは想いを叶える地球のシータ波と毎日繋がり、腹をくくった上で楽観的な生き方をしているので、自然に幸運、良縁が集まってくるから。

朝寝坊が日常茶飯事という、習慣的な朝寝坊の人は、間違いなく負のスパイラルにはまっています。遅刻をする人も同じ。怠惰と貧乏の足は早いのですぐに追いつかれます。そんな人たちが日々絶好調で、人生において大勝利をおさめている……、見たことはないなぁ。

●縁結びの本当の意味

縁やチャンスとは無縁な人生だと、お嘆きのあなたに一言。

縁は自ら結ぶものであり、チャンスにしても活かす前に、自らつかまなくては話にならないのです。小指と小指の間は、最初から糸で結ばれているわけではありません。糸はたしかに伸びているのだけど、それは誰かと誰かの「出会いたい」という意志によって結ばれるもの。だから「縁結び」というわけ。

そんなことといわれても実生活では何も起こらないし！　ナンテふてくされている、そこのあなた。安心されたし。

縁とチャンスには、前触れとお知らせがワンセットでついてくるのです。しかも、この前触れとお知らせは、自分の目線より高いところにはありません。

つまり、縁は高い理想の中にではなく、日常のごく些細なことの中にあるのですね。だから、見逃したり、気がつかなかったりするわけですが、ちゃんと存在するものなんです。

皆さんも目を皿のようにして、耳ダンボになって、周囲を見回してみてください。そしてチャンスの近づいてくる足音を聞き逃すことなく「出会い」を大切にしてください。

●「過去完了形で願う」ことをためらう人へ

自己啓発の本によく書かれています。

「願望を実現させたかったら、過去完了形で願いなさい」

僕の人生、僕自身が「ほとんど大丈夫だと思っていた」ことは、結構な割合でコケています。ところが、起承転結を厳然たる事実として考え「その後、何々をしました。感謝します」

と締めくくって願ったことは100%近く成就しています。これは過去完了形で願っているからなんですね。この現象は、霊能者で飯を食うようになって、いっそう顕著になりました。

ただ、ここ数年は霊が見える、霊と会話が出来る、オーラが見える、未来が予測できるといったことなどは、霊能者という仕事のほんの一部でしかなく、もっと深いところで心、魂、命に触れるのが仕事のキモだと思うようになりましたが。

過去完了形で願うポイントは、具体的に思い描き、期限をもうけて、感謝で終わること。中には、期限をもうける、という点で、挫折する人が多いようです。なぜなら、本当にこの期間内で願いがかなうのか?と疑ってしまうからです。

これに対処するには、小さな成功体験を積み上げていくこと。また、本当に叶えたい願望なのかどうかを、もう一度検証してみましょう。

本心から願うことであれば、思い描くたびにワクワクと楽しくて仕方ありません。叶った時の感覚を先取りしている状態です。あなたはどうですか?

小さなことでもかまいません。**一度でも成功体験をすると自信がつくから、叶えたいことをどんどん願ってください。これを繰り返していくと、癖になり、いつしか期限をもうけることに慣れ、だんだんと大きな願望に集中できるようになります。**

小さな成功が大きな成功をよぶ。これが真理です。

●物事の本質を見抜く「間」

宮本武蔵《みやもとむさし》、柳生兵庫《やぎゅうひょうご》、塚原卜伝《つかはらぼくでん》など、実在した剣豪で、名人の境地に達した人物は皆、異口同音に「拍子」について、魂が焦げるぐらい熱く語っています。

つまり、相手のリズムを読む、リズムを狂わす、という技術開発に、全身全霊を傾けていたわけです。とりわけ彼らは「間」のとり方には多くの時間を割いて、研究していたようです。

その「間」とは、実際に立ち会う相手との距離感であったり、刀を振り下ろすタイミングであったりするのですが。

彼らが注目した「間」のとり方は、人としての行き方、人生行路の進み方にも大変役立ちます。諺にもありますね。「急がば回れ」「押して駄目なら引いてみよ」など、「間」をとる考え方が。つまり、時間をかけると、一定のリズムで動いている時や、急いでいる時には、見えなかったものが見えてくるのです。

「間」から生まれた心の余裕は、力みや、焦りをなくして、物事の本質を見抜くチャンスを与えてくれるのです。そういう僕自身が、セッカチを絵に描いたような人間なので、ずい分人生を寄り道しているのですが。

●義に篤い人物であれ

人生における諸問題。生きていれば、何だかんだ思いもよらなかったことが起こるのが当たり前です。山奥にひとりで隠遁生活をしているのなら別ですが、普通の人の人生は、答えを探し続ける旅みたいなものです。

では、その答えはどこにあるのか？
実はそのほとんどは、自分自身の意識、心、想い、日常生活の中にあるのです。人間はどんな苦境に立たされている時でも、人生を創造する意識のエネルギーに取りまかれています。つまり、自分自身の心こそが、自分が意識したり、想うことを現実化してしまうエネルギーの源。かっこよくいえば、自分の人生は、自分の心で支配できるってことです。だとしたら、どんな時でも自分を否定せずに生きることです。
こんな思想にふれ、努力を始めた時に、あなたを心から支え、道をつけてくれる人物があらわれたら、あなたと深い縁で結ばれた人であるのは間違いありません。

人間は自分で自分のバカな部分を自覚したところから、本当の成長が始まります。でも、義理をかくのは、よくない。人間はピンチになり、どん底どんどん状態になった時、助けてもらうと本当にうれしいものです。人の心の温かさに触れると、勇気と希望が湧いてきますから。そしてそのことが本当の義理の大元になるわけです。

しかし、義理や恩を忘れてしまったり、喉元過ぎればなんとやら、にしてしまったのでは、功なり名を遂げ、地位や財産を手に入れても、人間としていかがなものか。

いいかえれば、**人に親切にしてあげたことや、力を貸してあげたことなどは、どんどん忘れてしまった方がよいのです。が、自分が受けた情けや親切はどんなに小さなことでも忘れてはならないのです。**

これって、結構大事な人生のポイントです。

●「待つ」ことは大切な経験

世の中は、どうしてこうも、ままならないないのだろう、と悩みの尽きないあなたには「それが当たり前だのクラッカー」とだけ申し上げます（笑）。

単純に考えても、この地球上に生息する人間すべての思惑が、入り乱れて地表を覆っているわけですから、ただ念が強い、思いが強いというだけでは、物事はそうそう思い通りにはなりません。

たとえ、強い邪念、自己中心的な思いが、一時的に実現したり形になったとしても、破邪《はじゃ》顕正《けんしょう》（邪道、邪説を打ち破り、道理を明らかにするという仏語）の前では、やがて、もろくも崩れ去るのは自明の理です。それは、歴史の中で何度も繰り返し証明されていますね。人生が行き詰まったと感じたら、人生には取り返しのつくことも多い、と言う事実を思い出して、ちょっと肩の力を抜いてください。

時節因縁を待つのも「待つ」という大事な経験をさせていただいているわけです。

僕も待たせていただいていることがいくつかありますが、どうせなら楽しく待たせていただきたいと思い、日々、アレヤコレヤと創意工夫をして、過ごしています。どうせ待つなら、こっちの方が楽しいでしょう？

第5章

スピリチュアル実践編

未来を切り開くために知っておくとよい運命のルールと、エネルギーを高めるオリジナルの立禅を伝授。

●パワースポットが流行する昨今

最近は、「どこそこの井戸やどこそこの神社へ行ったら開運した！　開運するんだって！」というクチコミのパワースポット詣出が人気のようです。

けれど、パワースポットのすべてが本物とは限りません。霊視した中には神様が全く鎮座されていない神社もあります。

「さわらぬ神に祟りなし」とは、昔の人はよくわかっていたな、と感心する言葉ですが、神域と言われる場所には、よい霊もよくない霊も存在します。

ただ、**詣でる人のレベルとその詣でる先の神社のレベルが合っていることが大切**なんです。合っていないと、どういうわけか気分が悪くなって鳥居がくぐれないとか、到着した途端に、頭痛やめまいを引き起こしてしまいます。

霊界は「想い」で構成されている世界です。パワースポットと言われる神社でお酒などお供えをしても、神仏は参拝客の「気持ち」を受け取っています。

ご縁のある場所だな、と感じたら、まずはご縁をいただいたことを御礼してください。

最近は、テレビや雑誌の特集でよく日本全国のパワースポットが取り上げられるせいで、たくさんの人が押しかけるようになり、神域にその人たちの念が残っていることが多いのです。境内で天然水をくめる場所があったとしても、人々の念が水のなかに転写され、クラスターが乱れてしまうこともあります。


ここでは、誰が訪れても気持ちがよいだろうな、と僕が感じた神社を紹介しています。

よろしければ、旅行の参考にしてみてください。

誰が訪れてもよい気がもらえる全国のスポット

北海道……摩周湖（川上郡）

青森県……岩木山神社（弘前市）／十和田神社（十和田市）

秋田県……田沢湖（仙北市）／唐松神社（大仙市）

山形県……出羽三山神社（鶴岡市ほか）

茨城県……鹿島神宮（鹿嶋市）

群馬県……榛名山神社（高崎市）

埼玉県……三峯神社（秩父市）

神奈川県……箱根神社（足柄下郡）

山梨県……御岳昇仙峡（甲府市）

長野県……戸隠神社（長野市）／皆神神社（長野市）／明神池（松本市）

静岡県……伊豆山神社（熱海市）

愛知県……熱田神宮（名古屋市）

三重県……伊勢神宮（伊勢市）

滋賀県……白髭神社（高島市）／竹生島・八大龍王拝所（長浜市琵琶湖）

京都府……出雲大神宮（亀岡市）／元伊勢籠神社（宮津市）

奈良県……春日大社（奈良市）／天河弁財天社（吉野郡）

和歌山県……熊野古道（和歌山県南部）／熊野本宮大社（田辺市）

島根県……出雲大社（出雲市）

岡山県……王子が岳（玉野市・倉敷市）

広島県……厳島神社（廿日市市）

熊本県……阿蘇山（阿蘇市ほか）／幣立神宮（上益城郡）

宮崎県……国見が丘（西臼杵郡）

鹿児島県……霧島神宮（霧島市）／屋久島（熊毛郡）

沖縄県……久高島（南城市）／セイファーウタキ（南城市）／御殿山（島尻郡）

●立禅のすすめ

僕は時々、僕と同じ霊能力を皆が持つことができるように、霊能力開発講座を開催しています。それは人に癒す力を分けて、ヒーリングや浄霊のできる本物の霊能者が増えたらいいな、と思っているからです。

少年時代からスポーツのやりすぎで、第5腰椎が故障している僕は、正座はおろか、座禅を組むことができません。そんな僕が出会ったのが「立禅」という方法です。

これは邪悪な霊の憑依を防ぎ、霊的な意識を高めることができる瞑想の一種です。自然と一体化するイメージを持ち、地球とひとつになるように、意識とエネルギーを集中していくことで、魂が研ぎ澄まされます。

この立禅を実践し、短期間でオーラをはっきりと見えるようになった人もいるんですよ。

立禅のやり方

1．肩幅に足を開き、軽くひざを曲げる。腹式呼吸で鼻から息を吹き込みながら、身体の前でエネルギーをまわすように、両手を何度も交差させる。

2．ゆっくりと鼻から息を吸い、交差させた両手を脇に引き寄せる。

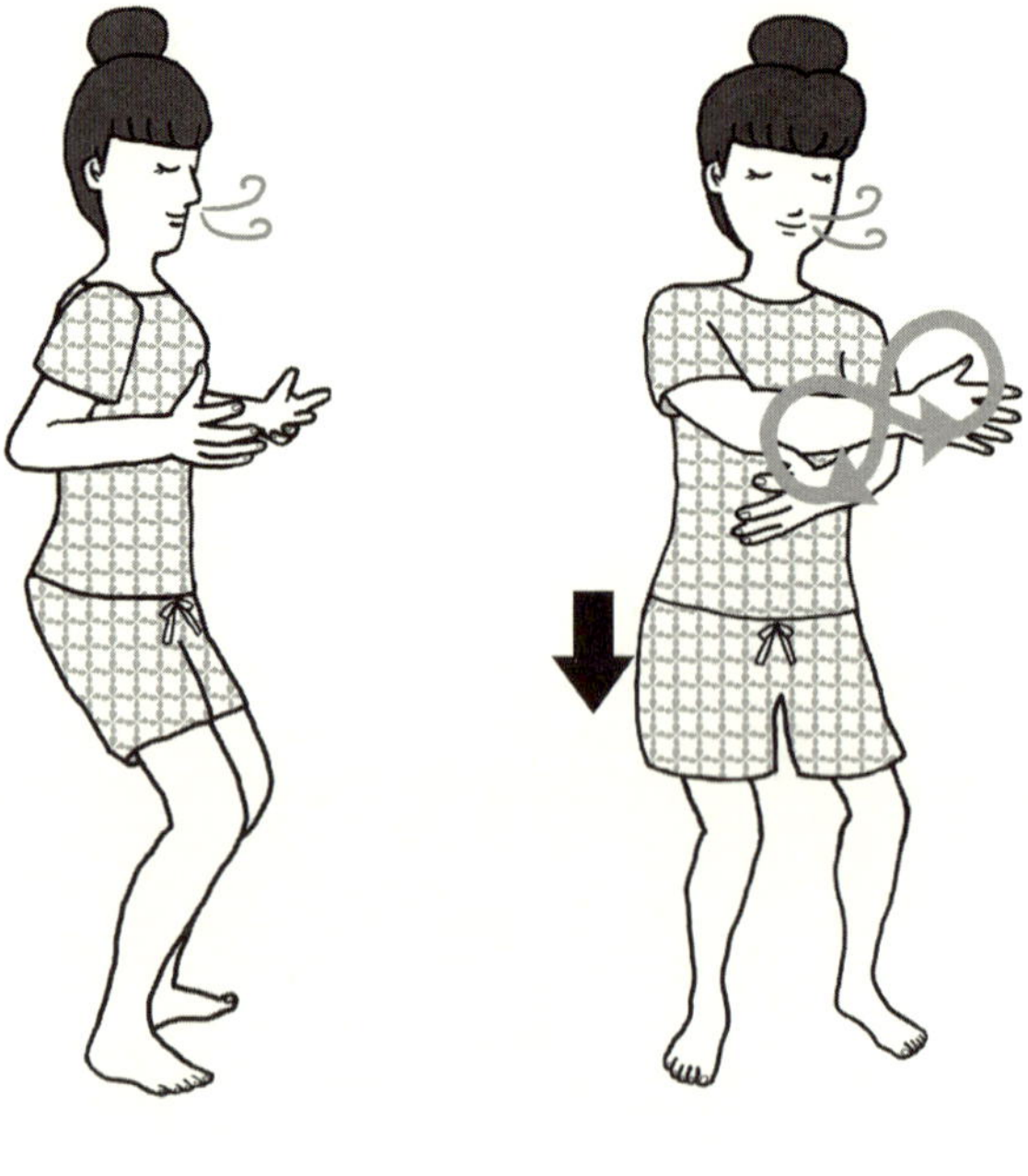

3.口から息を吐きながら、自分のいる空間を清めるように手を押し出す。大木を抱くように両手で円を作り(両腕を脇にくっつけて、小さく「前へ習え」のポーズをとってもよい)、自然と一体化になるイメージで10分間瞑想する。この時、両手の指と指の間は少しだけ離し、目は半目状態で。

・ポイント

※立禅中、両手の手のひらは必ず自分の体に向かっているように。
※3の動作の時、自分の頭の後ろ45度の角度に守護霊が見守っているイメージを持つ。
また、目の奥から額をのぞきこむイメージを持ち、目を瞑ってもよい。その間、楽しいことを考えるだけでOK。

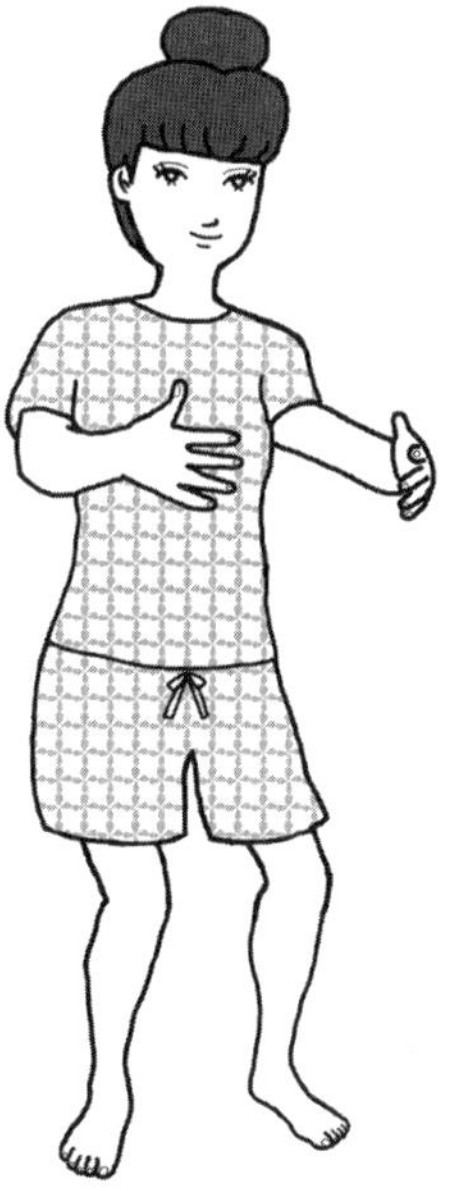

●三体性理論で運勢と性格を知る

三体性理論の「三体性」とは、過去、現在、未来、あるいは、自分、神（自然の摂理）、環境をあらわします。

人間は生まれながら、生涯の波動をあらわす運命数を持っています。この数字は、生年月日から、計算することが可能です。その数字があらわすものは、その人が生まれながらに持っている基本的な運勢や性格。また、運命数に年齢をプラスすることによって、1年のおよその運勢を知ることができます。

運命数の計算方法

1．根本数の出し方

生年（西暦）の4桁の数字を全部足す。

2桁になった場合は、この2つの数字を足して1桁にする。

2. 基本数の出し方

生まれた月日の数字を全部足す。

2桁になった場合は、この2つの数字を1桁になるまで足す。

3. 運命数の出し方

根本数と基本数を足したもの。

2桁になった場合は、この2つの数字を1桁になるまで足す。

例：1977年12月3日生まれの場合

根本数　1＋9＋7＋7＝24　2＋4＝6

基本数　1＋2＋3＝6

運命数　根本数6＋基本数6＝12　1＋2＝3

今年32歳の人であれば、その年の運勢を知りたい場合は運命数「3」＋3＋2＝8で、運命数8の人と同じような運勢になります。

運命数❶

テーマ　自分自身への信頼を強め、魅力を発揮させよう！

＋に働いた場合

自分の心を信じ、根本的な自己不振を克服することで、人間的な魅力を発揮。直感的な知恵や能力が備わっているので、政治家、営業マンという社交的な仕事やカウンセリング、ヒーリングといったスピリチュアルな業界で、創造的な仕事ができる。

－に働いた場合

不安感や情緒不安定な傾向に。他人の視線や言葉に脅威を感じ、自ら殻に閉じこもってしまうことも。また、他人の意見に言葉に流され、無条件に従う一面も。

肉体的な特徴・傾向

一風変わった体型、目つき、顔つき、肉体的なハンディ・キャップがある。睡眠時間が短い。

適職

営業職、政治家、作家、ヒーラー、カウンセラー、ミュージシャン、役者

運命数❷

テーマ　自己確立した上で、残りの人生を奉仕に使おう！

＋に働いた場合

自分の心が思うまま、生きることができ、自分と周囲に霊感と活力を与える。よき友人、よき仲間となり、カリスマ性で人を惹きつけることも。高次元の霊から直接的な霊感を受ける場合もある。

－に働いた場合

劣等感や自己不信に陥りやすく、引きこもった挙句、自傷行為に走ることもある。周囲に対して高圧的で頑固にふるまったり、常軌を逸した行動をとって、友達がいなくなることも。

肉体的な特徴・傾向

パワフルな風貌。肥満傾向。腰痛、骨折、性的な問題を抱えやすい。睡眠時間が短い。

適職

芸術家、発明家、指導者、事務職

運命数 ❸

テーマ　スピリチュアルな感性を周囲に与えよう！

＋に働いた場合

誰かに協力したり、共同作業をすることで才能を伸ばす。他者と調和することを常に心がけて行動できる。誠実で情け深いことから、他人に慕われる。

－に働いた場合

過剰なまでに周囲と足並みを合わせようとするので、他人の意見や行動に振りまわされる面も。その結果、ストレスがたまり、自分の殻に閉じこもる。気遣いが裏目に出て、優柔不断な人に見られることも。

肉体的な特徴・傾向

心因性の病気、喉の病気、アレルギー体質、生殖器官に問題を生じやすい。

適職

俳優、作家、セールスマン、営業職

運命数 ④

テーマ　自分の生活の糧を見つけ、日々成長しよう！

＋に働いた場合

あらゆる面で用意周到。準備万端で常識的な行動をとることから、信頼を得やすい。何か思いがけない出来事が起こっても辛抱強く、目的に向かう。大きくコケることがない。

ーに働いた場合

直感を信じることなく、知性や理論だけで物事を判断する。データを信じやすい面も。人間関係を構築するのが苦手で、融通がきかない。時に感情的な行動をとり、周囲にドン引きされることも。

肉体的な特徴・傾向

病気に対して強い恐怖感がある。腰、大腿部、膝、足首に故障を抱えやすい。便秘。アレルギー体質。背が低く、肥満体質。

適職

アドバイザー、コンサルタント、金融関係、不動産関係

運命数 5

テーマ　内面の自由を獲得し、表現する手段を見つけよう！

＋に働いた場合

感受性が過敏。これを克服することで、内面の自由を手に入れ、人生を深く掘り下げていくことができる。自分にとっての「いい加減」を知ることで実り多い人生になっていく。

－に働いた場合

自分に自信を持つことができず、ストレスを溜めやすくなってしまう。結果的にそれが怒りを引き起こしてしまうことも。内向的、内弁慶もこのタイプ。

肉体的な特徴・傾向

やせ型。喉や副腎、神経系統にトラブルを抱えやすい。

適職

教師、作家、政治家

運命数❻

テーマ　運命と宿命を探す人生を受け入れよう！

十に働いた場合

霊感が発達している人が多く、訓練次第では能力の高い霊能者になることも。自分の持つスピリチュアルな才能を生かして、仕事やコミュニティでの活動に生かすことができる。

一に働いた場合

何事にも不満を感じ、批判的で、失望感を持ちやすい。自分を受けいれてくれる人や組織、思想を探すが、見つけることができずにこの世を去る人が多い。

肉体的な特徴・傾向

精神エネルギーの発散方法を間違えると、神経障害や消化器系を患いやすい。

適職

ヒーラー、カウンセラー、占い師

運命数 7

テーマ　精神的に傷つくことを恐れるな！

＋に働いた場合

真実と美を追求し、シャープで洗練された資質を持つ。天上界の高い領域から転生されてきた人も多い。ひらめきを天上界からの導きと信じ、芸術面で傑出した才能を発揮する人もいる。

－に働いた場合

常に人から裏切られるのではないかという恐れから、自己破壊的な行為に出る。完全主義を求めるあまり、他人に失望感を持ち、世捨て人になって孤立してしまう面も。

肉体的な特徴・傾向

心臓、腹部、肺、膝に怪我や病気といったトラブルを抱えやすい。

適職

作家、音楽家、ヒーラー、牧師、僧侶、スピリチュアル・ワーカー

運命数 8

テーマ　自分の生きる道を定めよう！

＋に働いた場合

カリスマ性があり、現実のビジネスと魂の世界を結びつけ、絶対的な信頼を持って人生を歩む。精神的な豊かさを世の中の奉仕に使い、知性や財産を惜しみなく他者に分け与える。

－に働いた場合

神の存在を信じることができない。現世利益を追い求めるあまり、物質的な欲求に強く惹かれる場合がある。

肉体的な特徴・傾向

腰や下腹部、生殖器官にトラブルを抱えやすい。食事に注意しないと太りやすい。

適職

道を定めることで、あらゆる分野の成功をおさめる

運命数 ❾

テーマ　自分の運命をまっとうし、カリスマ性を発揮しよう！

＋に働いた場合

カリスマ性があり、多くの弟子や崇拝者を惹きつける。社会的な格差や貧富の差の改善に東奔西走するなど、人助けに喜びを見つける。

－に働いた場合

自分の能力をもてあまし、一つのことにエネルギーを集中させることができない。その結果、一生を棒に振ってしまうことも。ストレスがたまり、お酒や憂さを晴らすことがトラブルを引き起こすことも。

肉体的な特徴・傾向

脳や神経系の病気にかかりやすい。運動不足や不摂生な食事が命とりになることも。

適職

宗教家、心理学者、思想家など、指導力が必要とされる職業

●1年のバイオリズム低下・上昇期間を知る方法

自分の誕生月をもとに、1年の運勢の傾向を知ることができます。この法則は覚えておくと、何か物事をスタートさせる時や、引越し、転職、留学、結婚などの時期に役立ちます。

まず、自分の誕生月から1ヶ月前の月から2ヶ月後の月までは、何もしないこと。

自分の誕生月から3カ月後から6カ月後までは、何をしてもよい時期。

自分の誕生月から7ヶ月後から10カ月後（自分の誕生月から2ヶ月前）は、可もなく不可もない時期です。

例：12月生まれの人の場合

11月・12月・1月・2月　×　現状維持を心がけよう

3月・4月・5月・6月　○　新しいことをスタートするのに、よい時期

7月・8月・9月・10月　△　可もなく不可もない時期

●五芒星のおまじない

陰陽道《おんみょうどう》の魔よけの護符としてよく用いられる、五芒星《ごぼうせい》。

この星形は、よいエネルギーを集め、未来を切り開くために最適な図形です。僕はこのおまじないを修験道の行者から教えてもらいました。

右手の人さし指と中指で星形を描きながら「ハライタマエ、キヨメタマエ」という言葉を3回唱え、描き終えたら胸の前で気を練るように印を結び、最後に右手の人さし指と中指を揃え、眉間の前から星型の真ん中に振り下ろし、「ボロン！」（ンにアクセントを置く）と声を発するのです。

ボロンは修験道の御真言で、願いを実現する言霊です。

僕はこのおまじないをセミナーで教えていますが、大きな取引を成立させた人、プロジェクトのメンバーに採用された人、お見合いが成功した人、希望の学校に受かった人などがいます。

ぜひ、使ってみてください。

五芒星のおまじない手順

①右手の人さし指と中指を揃え、眉間から左下に振り下ろす。

ハライタマエ、
キヨメタマエ
※これを3回唱える。

②「ハライタマエ、キヨメタマエ」を３回唱えながら星形を描く。

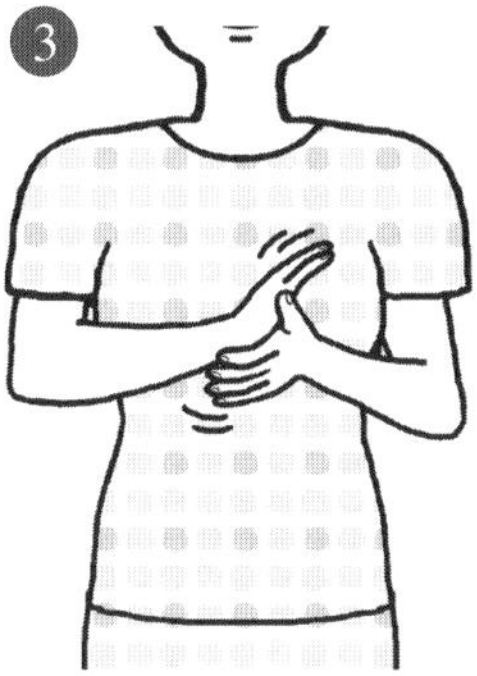

③両手で気を練るように、印を結ぶ。

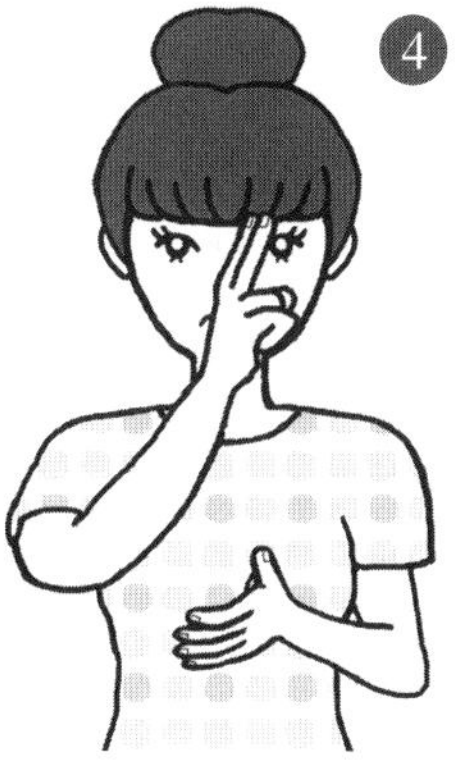

④右手の人さし指と中指を眉間で揃え、願い事を念じる。

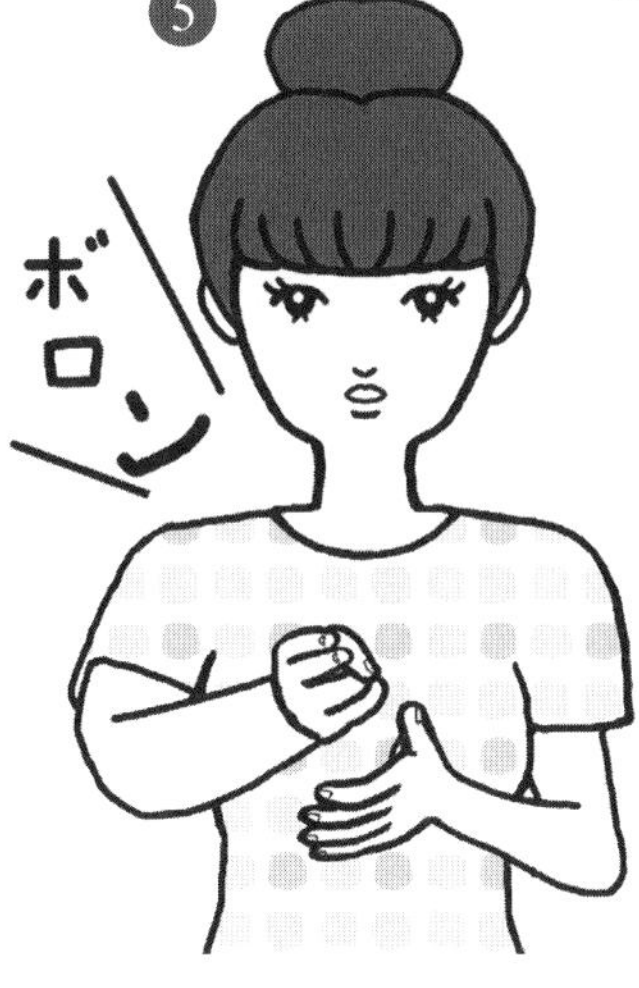
ボロン

⑤２本指を振り下ろし、「ボロン！」と声を出す。

あとがき

まずは、私の本を途中で投げ出さず、最後までお読みくださった皆様に深く御礼申し上げます。

それから私の日記を編集し、本として出版してくださった株式会社ナチュラルスピリット社代表の今井啓喜様、才能と美貌に恵まれた編集の恩田けい子様、そして才能豊かなライターであり、愛の伝道師でもある、ヨーコ様に心より感謝いたします。

さて、私が初めて「本を出しませんか?」と誘われたのが、今から20年ほど前のことです。そしてその頃、もう一つ、誘われていたことがあります。それはアメリカの「コンセルジュ・サイキック」。いうなれば、お金持ちの専属霊能者をしませんか?というわけです。

人生に「もし」は無いといわれていますが、「もしあの時、本を出していたら?」「もしあの時、コンセルジュ・サイキックになっていたら?」などと考えてみると、現在の私とはずい分違っていたかもしれません。

ただ一つ確かなことは、私の日記が本として陽の目を見ることもなかったということです。

人生には「山あり、谷あり、マサカあり」です。だから、面白いのです。

MAHALO!

2011年1月31日　小松賢次

小松賢次 *Komatsu Kenji*

平成9年、ナショナル整体学院卒業。小松ヒーリング整体開設後、現在は世田谷事務所（世田谷区砧）で、霊的能力を駆使し、個人のリーディングや遠隔ヒーリング、除霊を行う。また、企業カウンセリングをはじめ、後進を育てるためのさまざまな能力開発講座なども開催。

ウェブサイト　スピリチュアルワールド
http://sp-world.net/2007/

心の下づくりのための
スピリチュアル作法

●

2011年4月8日　初版発行

著者／小松賢次

デザイン／内海 由

イラスト／タナカ＊アイコ

写真／内橋美誉子

編集／恩田けい子

発行者／今井啓喜

発行所／株式会社ナチュラルスピリット

〒104-0061　東京都中央区銀座2-12-3 ライトビル8階
TEL 03-3542-0703　FAX 03-3542-0701
E-mail: info@naturalspirit.co.jp
ホームページ http://www.naturalspirit.co.jp/

印刷所／壮光舎印刷株式会社

ISBN978-4-86451-000-4 C0011
落丁・乱丁の場合はお取り替えいたします。
定価はカバーに表示してあります。